Spaghetti Spaghetti

Ein ungewöhnliches
Kochbuch

von Laurent Druey
und Marco Monteforte

mit ungewöhnlichen
Zeichnungen
von Leo Lionni

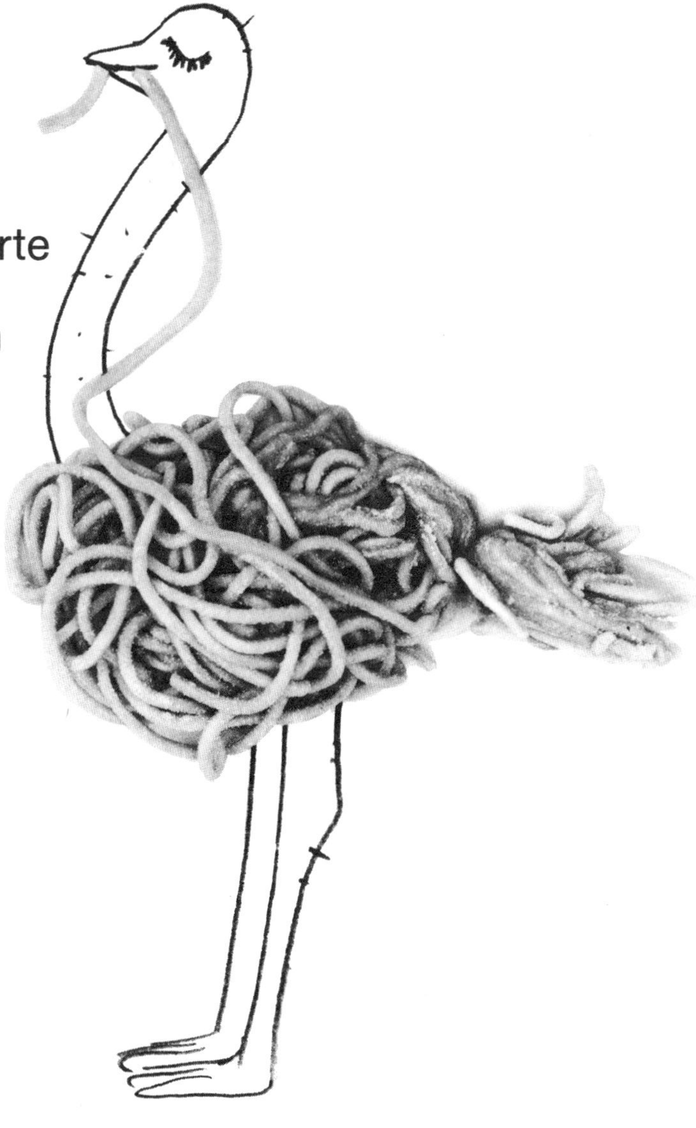

Mosaik Verlag

Layout: Gaßner & Bischoff
Redaktion: Dr. Renate Zeltner

Gesamtherstellung Mohndruck Reinhard Mohn OHG, Gütersloh

ISBN 3-570-03406-2

Inhalt

Von Spaghetti und anderen Teigwaren

Statt einer Einleitung stürzen wir uns in medias res und machen den Leser gleich mit dem denkbar besten aller Teigwarenrezepte bekannt. Es stammt von Gioacchino Rossini, dem großen italienischen Komponisten und Gourmet:

»Damit die Teigwaren gut schmecken, benötigt man gute Teigwaren, sehr gute Butter, vorzügliche Tomatensauce und Parmesankäse und eine intelligente Person zum Kochen, Anmachen und Auftischen.«
Dem wäre eigentlich kaum etwas hinzuzufügen; aber dieser oder jener Mitteleuropäer möchte es vielleicht doch gern etwas genauer wissen.

Immerhin, Teigwaren gehen uns alle an; weil sie aus Weizen hergestellt werden; und weil Weizen der Treibstoff der nahöstlichen und europäischen Zivilisation ist, so wie im fernen Osten der Reis und in Amerika der Mais die menschliche Entwicklung bestimmt und begleitet haben.

Spaghetti oder Makkaroni?

Dieses Buch möchte keineswegs Maßstäbe für den Sprachgebrauch im Bereich der Teigwaren setzen. So darf der Leser das Wort »Maccaroni«, »Makkaroni«, »Maccheroni« aussprechen und schreiben (letztere Form ist die italienische), wie es ihm beliebt. Auch kann er – genau wie dieses Buch es tut – »Spaghetti« stellvertretend für den Begriff Teigwaren verwenden. In dieser Stellvertreter-Funktion hat das Wort Spaghetti das Wort Makkaroni verdrängt, das noch im letzten Jahrhundert für alle Teigwarengattungen benutzt worden ist.

Makkaroni-Propagandisten

Der Genuß der Makkaroni bzw. Spaghetti bzw. Teigwaren also ist längst nicht mehr den Neapolitanern und Genuesen vorbehalten. In letzter Zeit wurden sie nicht zuletzt durch den italienischen Film in aller Welt zunehmend verbreitet (siehe beispielsweise den Begriff »Spaghetti-Western«). Ja, die Beziehung zwischen Makkaroni und dem italienischen Film erreichte ihren Höhepunkt am 8. August 1972, als Sofia Loren vom Teigwarenherstellerverband der USA zur »Makkaronifrau des Jahres« erkoren wurde. Was ihr neben dem zusätzlichen Ruhm einen Gratisvorrat an Teigwaren für ein ganzes Jahr einbrachte.

Gewiß aber dürften die italienischen Auswanderer für die Verbreitung der Teigwaren eine noch wichtigere Rolle gespielt haben als die Filmdiva unserer Tage. Jene Italiener, die seit der zweiten Hälfte des letzten Jahrhunderts in alle Welt gezogen sind, um Arbeit zu finden und die selbstverständlich auch ihre Eßkultur mit sich nahmen und in der Fremde pflegten.

Noch ein Jahrhundert früher jedoch fanden die Makkaroni ihren hervorragendsten Publicity-Man deutscher Zunge in dem Italien-Reisenden Johann Wolfgang von Goethe, dem in Neapel am 29. Mai 1787 folgendes an den Teigwaren auffiel:
»Was die Mehl- und Milchspeisen betrifft, welche unsere Köchinnen so mannigfaltig zu bereiten wissen, ist für jenes Volk, das sich in dergleichen Dingen gerne kurz faßt und keine wohleingerichtete Küche hat, doppelt gesorgt. Die Makkaroni, ein zarter, stark durchgearbeiteter, gekochter, in gewisse Gestalten gepreßter Teig von feinem Mehle, sind von allen Sorten überall um ein geringes zu haben. Sie werden meistens nur in Wasser abgekocht, und der geriebene Käse schmilzt und würzt zugleich die Schüssel. Fast an der Ecke jeder großen Straße sind die Backwerkverfertiger mit ihren Pfannen voll siedenden Oels, besonders an Fasttagen, beschäftigt, Fische und Backwerk einem jeden nach seinem Verlangen sogleich zu bereiten. Diese Leute haben einen unglaublichen Abgang, und viele Tausend Menschen tragen ihr Mittag- und Abendessen von da auf einem Stückchen Papier davon.«

Die Wurzeln der Spaghetti reichen tief

Obschon die fernöstlichen Völker vornehmlich Reisspeisen verzehren, so ist doch allgemein bekannt, daß Teigwaren, d.h. in standardisierten Formen hergestellte Getreidemehlprodukte, bereits vor mehreren tausend Jahren in China produziert wurden. Teigwaren bilden auch heute im asiatischen Raum neben den üblichen Produkten aus Reis und vergorenem Teig einen wichtigen Bestandteil der Ernährung.

Erwähnenswert sind vor allem die aus ältester Zeit stammenden Reisteigwaren, die bei uns aus verschiedenen ostasiatischen Gerichten beispielsweise als »durchsichtige Nudeln« oder »Glasnudeln« bekannt sind.

Eine der ältesten bis heute erhaltenen Kochanleitungen ist das chinesische »Hon-Zo«, in dem ein Teigrezept erwähnt wird, das den Spaghetti ähnlich ist. Noch älter sind einige japanische Rezepte, die ungefähr 3500 Jahre vor unserer Zeitrechnung geschrieben wurden (also vor 5500 Jahren!), in denen Gerichte aus gekochtem Teig beschrieben sind. Diese wurden jedoch aus Reismehl statt aus Weizenmehl hergestellt. Die chinesischen Teigwaren dürften somit den unseren ähnlicher gewesen sein: Unter anderem ist aus der chinesischen Geschichte ein 4000 Jahre altes Teigwarengericht überliefert, das sich aus Weizenmehl und zerstoßenen Bohnen zusammensetzt, also etwa den heutigen grünen Nudeln vergleichbar ist.

Teigwaren-Liebhaber: Etrusker und Römer

Der erste Hinweis auf die Verwendung von Teigwaren in Italien stammt aus Etruskergräbern. Auf einem Fresko, das in einem etruskischen Grabe gefunden wurde, ist ein Mann abgebildet, der den Teig einer flachen Teigwarenart zubereitet, wie sie später von den Römern als »lagana« und im Mittelalter und in der Neuzeit als »lasagna« bezeichnet wurde.

Übrigens – was ist uns in dieser Beziehung sonst von den Etruskern bekannt? Dieses geheimnisvolle Volk, das in der heutigen Toskana wohnte und das von den Römern völlig assimiliert wurde, hat uns zwei weitere lebensnotwendige Erzeugnisse überliefert: die Sicherheitsnadel und die Chiantiflasche. Beides ist in etruskischen Grabfunden zum ersten Mal nachgewiesen. Aber zurück zu den Teigwaren.
Die Römer kannten ein Teigwarengericht aus Mehl und Wasser – die bereits erwähnte lagana – das aus hauchdünnen Streifen bestand, die in einer fetten Fleischbrühe gekocht und mit Käse, Pfeffer, Safran und Zimt angemacht wurden. Es wird berichtet, daß es sich dabei um eine sehr leichte Speise handele, die man ohne jegliche Anstrengung zu sich nehmen könne. Zu den aus literarischen Quellen berühmten lagana-Liebhabern gehörten der große Redner und Politiker Cicero und der Dichter Horaz.

Nach dem Untergang des Römischen Reiches wurde es still um die Teigwaren in Europa, und auch Geschichtsschreibung und Literatur schweigen über Spaghetti. Aber schon beim ersten Lichtschein einer neuen Zivilisation in Süditalien sind diese wieder zur Stelle: Die in Sizilien seit dem 7. Jahrhundert ansässigen Araber kannten eine »fadenförmige Mehlspeise«, die sie auch exportierten und unter dem Namen »itriyah« bekannt machten. Daher stammt die heute in Palermo noch übliche Bezeichnung »Vermicelli die Tria.«

Zur Zeit der Hohenstaufen fanden die Makkaroni bei einem weiteren »Deutschen« literarische Erwähnung: Walter von der Vogelweide, Dichter und Chronist am Hofe Friedrichs II. in Palermo, berichtet von der Vorliebe der Welschen, d. h. der Italiener, für Makkaroni mit süßer Sauce. Daraus und aus späteren mittelalterlichen Quellen läßt sich erkennen, daß Teigwaren damals gesüßt wurden.

Marco Polo macht Spaghetti-Geschichte

Mehr oder weniger verläßlichen historischen Quellen und Überlieferungen zufolge, hat der bekannte Entdecker und Handelsreisende Marco Polo, gebürtig aus Venedig, erste Informationen über die Herstellung von Teigwaren nach Europa gebracht. Marco Polos Mitbringsel blieb zunächst auf die nähere Umgebung Venedigs und des dazugehörenden Territorialgebietes beschränkt; was aber angesichts der großen Anzahl von Städten und Häfen, die damals unter venezianischer Herrschaft standen, eine weitere geographische Ausbreitung dieses Produktes keineswegs behinderte. Und so fanden die Teigwaren nach wenigen Jahren auch in anderen Gebieten Italiens großen Anklang, da die Verbreitung durch den regen Handel von Venedig aus begünstigt wurde.

In seinem Buch »Il Milione« schreibt Marco Polo dazu: »Und ich werde Euch noch über etwas berichten, das Euch zum Staunen bringen soll. In jener Provinz haben die Leute Mehl aus Bäumen, und ich werde Euch sagen, wie dies aussieht. Ihr sollt wissen, daß sie sehr dicke und große Bäume haben mit einer dünnen Rinde, und im Innern sind sie ganz mit Mehl gefüllt, und mit diesem Mehl werden Brot und andere Speisen hergestellt, so wie wir mit dem Weizenmehl verfahren; und es werden lasagne (lagana im lateinischen Manuskript) gemacht, die sehr gut sind, und mehrmals aß ich davon.«

Der Bericht von Marco Polos chinesischem Teigwarenerlebnis hält indessen einer kritischen Überprüfung nicht stand: Abgesehen davon, daß er diese wundervollen Mehlbäume in der Provinz Fanfur (Java?) und nicht in China gesehen haben soll und daß er die Lasagne in einem so beiläufigen Ton erwähnt, der vermuten läßt, daß er sie schon vor seiner Reise kannte, diktierte er sein Buch während seiner genuesischen Gefangenschaft, im Anschluß an eine von Venedig verlorene Seeschlacht im Jahre 1298, also 6 Jahre nach seiner 1292 erfolgten Rückkehr von seiner weiten Reise – und dabei ist er wohl ins Fabulieren gekommen.

Zeugnis der Beliebtheit und raschen Verbreitung der Teigwaren geben verschiedene frühe literarische und amtliche Quellen. Einer der Begründer der italienischen Sprache, Boccaccio, schreibt im Jahre 1348 in seinem »Decamerone« (dessen Bekanntheit im übrigen nicht so sehr auf den kulinarischen Details beruht):

»Und Maso antwortete, daß sich dies in Berlinzone befand, im Lande der Basken, in einer Gegend mit Namen Bengodi, wo die Reben mit Würsten an den Rebstöcken festgebunden werden;
und es war da ein Berg ganz aus geriebenem Parmesan, auf dem sich Leute befanden, die nichts anderes taten, als Maccheroni und Ravioli zuzubereiten, diese in Kapaunbrühe zu kochen und sie von diesem Berg herunterrollen zu lassen, und je mehr einer nahm, desto mehr hatte er.«

Seit dem Erscheinen von Boccaccios Buch ist das Land Bengodi zum italienischen Gegenstück das Schlaraffenlands geworden.

Ein Zeichen für die rasche Verbreitung der Spaghetti als Volksspeise geben uns die verschiedenen Erlässe, mit denen eine Stabilisierung des Teigwarenpreises verfügt wurde, und deren Umgehung mit schweren Strafen geahndet wurde: So zum Beispiel in Mailand 1421, Palermo 1501, Rom 1602, Turin 1788.

Renaissance und Neuzeit der Spaghetti

Mit der Zeit treffen wir immer häufiger auf schriftliche Zeugnisse über Spaghetti, Makkaroni, Vermicelli usw. Der Humanist Bartolomeo Platina betitelt das erste gedruckte Kochbuch, das bereits im Jahre 1475 erschien, »Vom ehrlichen Genuß«. Darin sind Rezepte enthalten, die den im vorliegenden Buch beschriebenen sehr ähnlich sind, obschon der Autor sich länger über die Teigherstellung als über die Saucen ausläßt. Das Buch von Platina war schon nach kurzer Zeit berühmt und begehrt, und bis zum Jahr 1500 erlebte es 9 Auflagen; für jene Zeit, in der die Druckkunst noch in den Kinderschuhen steckte, ein Rekord.

Von Italien gelangten die Nudeln bald nach Spanien, England und Frankreich. In Toledo erschien im Jahre 1525 ein Kochbuch, das vom Oberkoch am Hofe des Vizekönigs von Neapel (Süditalien stand damals unter spanischer Herrschaft) verfaßt war. Darin sind erstmals die »Fideos« erwähnt: Unter diesem Begriff werden heute noch

in Lateinamerika sämtliche Teigwarensorten zusammengefaßt. Vermutlich stammt das Wort aus dem Genuesischen, wo die Teigwarenhersteller »fidelari« genannt wurden (heute noch sind die Fidelini eine beliebte Teigwarenart). In England hießen die Teigwaren jahrhundertelang »genoese pastes«, genuesische Teige, vermutlich wegen des regen Handels mit der Seerepublik Genua. In Frankreich wurden die Spaghetti im 16. Jahrhundert eingeführt, anläßlich der Hochzeit des Königs Heinrich II. mit Katharina von Medici. Dieses damals 14jährige Mädchen zog im Jahre 1533 in die Ehe, gefolgt von einem Heer von Schneidern, Friseuren, Parfumiers, Tanzlehrern und – logischerweise – Köchen. Für lange Zeit hießen die Nudeln in Frankreich »Pâtes d'Italie«, d. h. italienische Teige, wobei der Genuß dieser Produkte vorerst dem König, dem hohen Adel und den Geistlichen vorbehalten blieb.

Nach Nord- und Osteuropa scheinen die Nudeln relativ spät vorgedrungen zu sein, obschon in Deutschland bereits zu Barbarossas Zeiten Eiernudeln fabriziert worden sind: Dabei ist unklar, ob es sich tatsächlich um unfermentierte Teigwaren handelte (vgl. den Begriff »Dampfnudeln«). Aus Ungarn ist ein teigwarenähnliches Produkt bekannt, die »Tarhonya«, das heute noch nach den alten Rezepten zubereitet wird. Es besteht aus graupengroß geriebenem Mehl- und Eierteig, den man trocknen läßt und anschließend in heißem Fett röstet und in Wasser gardünstet.

Die Verbreitung der Teigwaren war im 17. Jahrhundert so weit gediehen, daß der Graf, Magistrat und Dichter Francesco Lemene die Makkaroni bereits personifizierte und in einem Gedicht schrieb, zahlreiche italienische Städte würden die Vaterschaft des Helden Maccherone für sich beanspruchen, ähnlich den griechischen Städten, die um die Vaterschaft Homers buhlten.

Im gleichen Gedicht beschreibt der Autor, wie Farina (= Mehl) eine Tochter gebar, die Pasta (Teigware) hieß. Pasta war ein recht leichtes Mädchen und nahm es nicht so streng mit der Tugend; sie hatte zuerst ein uneheliches Kind, das Gnocco (Kartoffelknödel) hieß, und das wegen seines schlechten Lebenswandels böse endete. Vom Schicksal ihres ersten Kindes belehrt, heiratete Pasta, und zwar gleich dreimal hintereinander. Vom ersten Ehemann, Nudelholz, bekam sie die Kinder Polenta (Maisbrei) und Lasagna (von der später in diesem Buch ausführlicher die Rede sein wird). Lasagna gebar ihrerseits Torta und Raviolo. Vom zweiten Ehemann, Mischbecken, sind uns keine Kinder bekannt. Dann heiratete Pasta ihren dritten Ehemann, Teigpresse, dem sie den Lieblingssohn Maccarone schenkte, Vater von Fidelino, der seinerseits Pestarino ins Leben brachte. Wir werden später auf die Bedeutung der 3 Väter von Maccarone für die Teigwarenherstellung eingehen. Das Buch, das erste in dem das Herstellungs-Werkzeug erwähnt wird, heißt übrigens »Von der Abstammung und vom Adel der Maccaroni, heroisches Gedicht«.

Mit der Verbreitung der Teigwaren kam auch die gewerbsmäßige Produktion und die Organisierung der Spaghettiproduzenten in Zünften in Gang. Die erste und älteste Teigwarenmacher-Zunft gab sich ihre Statuten im Jahre 1574 in Genua: Die Zunftbrüder nannten sich Fidelari. Es folgten bald andere Zünfte in Savona (1577), Neapel (1579), Palermo (1605) und Rom (1646).

Die Zünfte waren auf den Vorteil sämtlicher Mitglieder bedacht. So war in Genua vorgeschrieben, den Weizen an Land und nicht auf dem Schiff zu kaufen, damit der Handel auch von der Konkurrenz beobachtet werden könne, und jeder Fidelario, der auf eine besonders schöne Weizensendung stieß, durfte nur ein Drittel davon für sich behalten, damit auch seine Zunftbrüder vom Angebot profitieren konnten.

In Savona waren die Fidelari in der gleichen Zunft wie die Käser organisiert. – Spaghetti und Käse haben sich immer gut vertragen. Dies wird auch in einem neapolitanischen Sprichwort deutlich, das schon von Giordano Bruno, Philosoph und Mönch, der im Jahr 1600 als Ketzer auf dem Scheiterhaufen endete, zitiert wird: »Wie man in Neapel sagt, ist der Maccarone in den Käse gefallen«, womit das gute Ende einer Sache gemeint ist.

Vom 18. Jahrhundert bis heute hielten die Spaghetti Einzug auf den Tafeln der ganzen Welt. Der große neapolitanische Spaghetti-Boom setzte Anfang des 19. Jahrhunderts ein, als zahlreiche Fabriken in Neapel und Umgebung entstanden. Besonders am Ende des 19. und zu Beginn des 20. Jahrhunderts kamen die Spaghetti zusammen mit den Auswanderern in die neue Welt: Jedes Schiff, das von Genua oder Neapel aus in See stach, hatte auf seinen Decks Hunderte von Emigranten und unter Deck in den Laderäumen Zehntausende von länglichen Kisten mit bunten Etiketten und je 20 Pfund Spaghetti oder Makkaroni.

Bevor wir uns der Nudelherstellung und dem Nudelessen zuwenden, möchten wir noch den Leserinnen und Lesern, die am Umgang mit Schutzheiligen interessiert sind, den Feiertag der Nudeln bekannt geben: Es ist der 3. August, der Tag, an dem der Leichnam des Heiligen Stephan in einer Teigtruhe aufgefunden wurde.

Was sind eigentlich Teigwaren?

Genau betrachtet ist die Bezeichnung »Teig-Waren« (oder auch Mehlspeisen) viel zu vage für die heute unter diesem Namen bekannten Produkte.

Teigwaren sind wohl aus Teig, oder genauer aus einem Getreidemehlteig hergestellte Waren. Ihr Hauptmerkmal aber, das sie von den meisten anderen Mehlspeisen unterscheidet, liegt darin, daß der Teig nicht mit Hilfe eines Blähmittels – Hefe, Backpulver usw. – vergoren, sondern direkt verarbeitet wird. Zu Beginn ihrer Entstehungsgeschichte war aber vor allem ihre gute Lagerfähigkeit infolge des geringen Wassergehaltes wichtig, denn auch gut haltbare Brote konnten nicht so lange aufbewahrt werden wie getrocknete Teigwaren. Die große Bedeutung der Haltbarkeit wird uns im bereits erwähnten Kochbuch des Platina bei einigen Rezepten nochmals vor Augen geführt: So schreibt er im Rezept zur Herstellung von sizilianischen Lasagne, der Teig bliebe, wenn er an der Sonne getrocknet werde, zwei und sogar drei Jahre haltbar »um so mehr, wenn die Speise im Monat August hergestellt und getrocknet wird, und bei zunehmendem Monde.«

Heute hingegen gelten frisch nach der Zubereitung gekochte Teigwaren als besonders lecker und finden in Italien vor allem an großen Feiertagen wie Hochzeiten, Weihnachten, Ostern usw. Verwendung.

Dem Leser ist bekannt, daß Teigwaren im trockenen Zustand hart und brüchig, im weichen, d. h. herstellungsfrischen oder gekochten Zustand aber elastisch und keinesfalls bröckelig sind. Diese Eigenschaft ist auf die Klebersubstanz zurückzuführen, die im Mehl vorhanden ist, d. h. auf die Weizen-Eiweißbestandteile Gliadin und Gluten. Besonders kleberreich sind Hartweizengrieße und -mehle, weshalb sie optimal für die Herstellung von Teigwaren geeignet sind.

Vom König der Weizenarten

Wir möchten kurz auf weitere Eigenschaften des Weizens eingehen, um Ihre Kenntnisse über die Nudelherstellung noch etwas zu vertiefen. Die zwei wichtigen Weizensorten sind der Weichweizen (lat. triticum vulgare), aus dem Mehl und Brot hergestellt werden, und der Hartweizen (lat. triticum durum), der für Grieße und Spaghetti als Grundlage dient. König der Hartweizen war der berühmte Taganrog, der in der Mündung des Don in Südrußland wächst. Gerade dieser Weizen wurde im letzten Jahrhundert für Spaghetti und Makkaroni verwendet, denn aus Taganrog hergestellte Teigwaren verzogen sich nicht, wenn sie zum Trocknen aufgehängt wurden. Damit waren sie gleichmäßig in der Konsistenz, was sich übrigens beim Kauen sehr angenehm auswirkt.

Giuseppe Garibaldi, der italienische Feldherr des 1860 durchgeführten Annektionsfeldzuges nach Sizilien und Neapel, war während seiner Jugend einige Male in Taganrog, da er als Matrose auf genuesischen Weizen-Transportschiffen angeheuert hatte. Eines Abends im Jahre 1833 lauschte er in Taganrog den Ausführungen eines Mitgliedes der »Giovine Italia« (Junges Italien), der politischen Geheimorganisation des Republikaners Mazzini, deren oberstes Ziel die politische Unabhängigkeit Italiens war. An jenem Abend entschloß sich Garibaldi, der Bewegung »Giovine Italia« beizutreten, womit sozusagen eine politische Karriere begann. Eine von der Sowjetregierung im Jahre 1961 aufgestellte Gedenktafel erinnert heute noch an den für Italien so folgenschweren Abend.

Nach der russischen Revolution versiegte die Taganrog-Quelle, und die heutigen italienischen Teigwaren werden aus sizilianischem und nordamerikanischem Hartweizen hergestellt. Der Zusatz von Eiern für die Teigwarenherstellung ist möglicherweise eine Konsequenz der Verwendung eines – zugegebenermaßen immer noch brauchbaren – aber nicht mehr so königlichen Weizens.

Es gibt Teigwaren und Eierteigwaren

Der Zusatz von Eiern erhöht vor allem den Nährwert der Teigwaren und verleiht ihnen größere Geschmeidigkeit sowie die beliebte gelbliche Farbe. Außerdem haben Eierteigwaren den Vorteil, weniger leicht zu verkochen als die »eifreien«. Nach deutscher Gesetzgebung kann die Bezeichnung »Eierteigwaren« verwendet werden, wenn das Produkt auf 1 kg Mehl bzw. Grieß mindestens 3 Eier oder 45 Gramm Eipulver enthält. Liegt der Eigehalt darunter, so muß die Bezeichnung »eifreie Teigwaren« verwendet werden.

Vom Nährwert der Teigwaren

Es ist klar, daß jedermann abnehmen würde, wenn er wochenlang nur Spaghetti zu essen bekäme. Aber dann würde er vermutlich für den Rest seines Lebens keine Spaghetti mehr anrühren, und das wäre jammerschade.
Da wir als echte Spaghetti-Liebhaber daran interessiert sind, den Kreis der Freunde dieser Speise zu erweitern, wollen wir ganz ehrlich zugestehen, daß Teigwaren, in unvernünftigen Mengen genossen, fett machen. Schwierig ist es aber, gerade bei Spaghetti dann mit dem Essen aufzuhören, wenn's am besten schmeckt.

Daß aber nicht alle Spaghetti-Liebhaber dick oder rundlich sind, wird von der berühmtesten aller

Leinwand-Schönheiten, der Schwedin Greta Garbo, bewiesen. In einem – leider vor allzu langer Zeit gegebenen – Interview gesteht sie ihre beiden Lieblingssportarten: Achterbahnfahren und Spaghettiessen! Wir möchten allerdings von einer Benutzung der Achterbahn beim oder unmittelbar nach dem Spaghetti-Genuß dringend abraten.

Während auf der ganzen Welt die Teigwaren zunehmend an Beliebtheit gewinnen, geht in Italien ihr Verbrauch zurück. Zum einen ist dies sicher dem erhöhten Wohlstand zu verdanken, als dessen Folge die Verdrängung von Kohlenhydraten durch Fleisch anzusehen ist. Zum anderen aber liegt ein Grund in der Ansicht, Spaghetti seien zu nahrhaft: Mancherorts in Italien galt es bisher als selbstverständlich, daß sechs Personen zu einer Mahlzeit schon bei der Vorspeise 1,5 kg Spaghetti (Trockengewicht) aßen.

Für eine vernünftige, volle Mahlzeit können 180 g Eierteigwaren, beispielsweise mit Butter und Käse zubereitet, als Portion für eine Person zugrunde gelegt werden, wenn dazu noch ein Teller Salat und Obst konsumiert wird.

Die Rezepte dieses Buches sehen, wenn nichts anderes angegeben ist, 100 g Teigwaren pro Person vor, wobei wir davon ausgehen, daß das jeweilige Gericht als Vorspeise serviert wird. Für ein Nudel-Hauptgericht sollte die Menge entsprechend erhöht werden.

Der durchschnittliche Nährwert für 100 g Eierteigwaren ohne jegliche Zutaten beträgt ungefähr 360 Kalorien. Selbstverständlich kann die Beigabe von Käse, Öl, Butter, auch von Tomaten, Gewürzen usw. den Kaloriengehalt eines Teigwarengerichtes beträchtlich erhöhen.

So werden Teigwaren hergestellt

Grundsätzlich besteht der Produktionsvorgang aus zwei getrennten Schritten: Erstens der Herstellung des Teigs aus Mehl und Wasser (und/oder Eiern), zweitens der Formgebung.

Diese beiden Schritte wurden ursprünglich – und werden heute noch bei den Hausmacherteigwaren – von Hand verrichtet. Im 16. und 17. Jahrhundert begann man, Hilfsmittel einzusetzen, um menschliche Arbeitskraft zu sparen. Aber erst seit 1917 gibt es eine Maschine, in der die Teigwaren kontinuierlich hergestellt werden können und die nicht abgestellt werden muß, um Mehl und Wasser nachzufüllen.

Das Hauptrequisit für den ersten Produktionsvorgang – die Teigherstellung – war in Norditalien das Mischbecken, ein hölzernes oder steinernes Gefäß von 1 bis 2 m Durchmesser und einer Tiefe von ca. 50 cm. Darin kreiste ein schweres, von Mensch oder Tier getriebenes Rad, das die Masse aus Mehl und warmem Wasser zu einem homogenen Teig verband. In Neapel wurde der Teig auf andere Art gemischt. Die Mischfläche bestand aus einem Steintisch, über dem in der Wand ein langes Rundholz befestigt war. Auf dieses Holz setzten sich ein bis drei Männer und wackelten darauf hin und her. Dadurch wurde der Teig allmählich geschmeidig und geknetet. Dabei wurden Lieder gesungen, um im Rhythmus zu bleiben.

Neben diesen beiden, vorindustriellen Mischvorgängen gab es natürlich auch die hand- bzw. »fußwerkliche« Art, den Teig zu kneten. In Neapel wurde der Teig oft mit den Füßen geknetet, wobei die Arbeiter sich an einem über dem länglichen Mischbecken hängenden Seil hielten.

Das fußwerkliche Teigwarenherstellungsverfahren soll dem neapolitanischen König Ferdinand II., als er eine Spaghettifabrik besuchte, einmal Übelkeit verursacht haben. Und so beauftragte er den Ingenieur Spadaccini, einen Verbesserungsvorschlag auszuarbeiten und zu unterbreiten. Der Ingenieur studierte und grübelte ein Jahr lang, bis er schließlich im Jahre 1833 das Projekt einer neuartigen Makkaronifabrik vorstellte, dessen wesentliches Unterscheidungsmerkmal von der bisherigen Technik darin bestand, daß der Teig fortan durch einen eisernen Menschen mit Füßen getreten werden sollte. Der König und sein Hof waren begeistert, und der Ingenieur bastelte weiter an dem Roboter-Projekt; als aber die neue Fabrik jahrelang in Erwartung der eisernen Menschen leerstand, wurde der Forschungsetat vom König gestrichen. Und die Neapolitaner kneteten weiter mit eigenen Füßen.

Das zweite Produktionsmittel, die Teigpresse, diente fast ausschließlich zur Herstellung von Teigwaren mit rundem Querschnitt, d.h. vor allem Spaghetti und Makkaroni. Die ältesten Teigpressen bestanden aus einem Gefäß mit durchlöchertem Boden, in dem sich der Teig befand, und aus einem Kolben, der auf die Teigmasse gedrückt wurde und sie durch die Bodenlöcher preßte. Später konnten die Bodeneinsätze ausgetauscht werden, um die Herstellung verschiedener Teigwarensorten mit einer einzigen Maschine zu ermöglichen.

Technisch und nudeltechnisch interessierte Leser, die bereits den Unterschied zwischen Spaghetti (runder, voller Querschnitt) und Makkaroni (runder Querschnitt mit Loch) kennen, werden sich fragen, wie die Bodeneinsätze aussahen, aus denen die Makkaroni gepreßt wurden. Unglaubwürdige Zeitgenossen berichteten in diesem Zusammenhang von der neapolitanischen Berufssparte der »Spaghettibläser«, speziell ausgebildeten und handwerklich hochqualifizierten Fachkräften, die den Spaghetto (Einzahl von Spaghetti) aus dem Maccarone (Einzahl von Makkaroni) herausbliesen. Aber die Erklärung ist viel einfacher: Das Makkaroni-Loch war auf der Innenseite der Teigpresse viel größer als auf der Außenseite, und gerade an der Innenseite war der kreisrunde Einsatz befestigt, der den Durchfluß der Teigmasse verhinderte, damit sich das Loch im Makkaroni bilden konnte. Sowie die Teigmasse diese Befestigungsstelle passierte, nahm der Druck zu (weil das Loch kleiner wurde), und der Teig, der durch die Befestigung getrennt wurde, zog sich wieder zusammen und bildete einen nahtlosen Makkaroni. Sollte die Erklärung noch unklar sein, so denken Sie an einen Brükkenpfeiler, der mitten in einem Fluß steht: Das Wasser fließt auch hinter dem Pfeiler, vorausgesetzt, daß der Druck genügend stark ist.

Flache, z. B. bandförmige Teigwaren wie Bandnudeln, Lasagne usw. wurden und werden hergestellt, indem man den Teig aufrollt und dann daraus Scheiben (wie bei einer Wurst) schneidet. Es gibt heute noch Dörfer in Süditalien, wo Tagliatelle-Schneide-Wettbewerbe veranstaltet werden, bei denen die Hausfrau den Sieg davonträgt, die die längsten und geradesten Bandnudeln schneidet.

Eine besondere Stellung nehmen die »Spaghetti alla Chitarra« ein. Diese Gitarre ist kein Musikinstrument, sondern ein Holzrahmen, auf dem sehr dünne Metalldrähte nah aneinander gespannt werden. Das einzige, was die Hausfrau noch tun muß, ist, den Teig daraufzulegen und mit dem Nudelholz zu drücken, bis die sehr dünnen Nudeln mit fast quadratischem Querschnitt in den unteren Behälter fallen.

Nur noch ein Detail über Spaghettiproduktion, auf das die Italiener übrigens sehr ungern angesprochen werden: Die erste kontinuierliche Teigwarenproduktionsmaschine wurde von einem Franzosen nach dem Muster der damaligen (1917) Backsteinmaschinen entwickelt. Der Mann hieß Féréol Sandragné und war Arbeiter in einer

Spaghettifabrik von Toulouse. Wir freuen uns, Ihnen mitteilen zu können, daß er, im Gegensatz zu den meisten Erfindern, seinen Lebensabend ohne finanzielle Sorgen verbrachte.

Der letzte Abschnitt dieses Kapitels betrifft die Trocknung der Spaghetti. Noch am Anfang dieses Jahrhunderts konnte man in Neapel durch Gassen und Straßen wandern, in denen Millionen von Spaghetti an Holzgestellen zum Trocknen in der Sonne hingen. Aus diesem Grund wurden Spaghetti und Makkaroni hauptsächlich im Sommer hergestellt.

Mit der Entwicklung moderner Trocknungsanlagen konnte dann die Teigwarenproduktion auf Ganzjahresbetrieb umgestellt werden.

Teigwaren – Do-it-yourself

Mit diesem Abschnitt begeben wir uns bereits in die Welt der Rezepte. Das bedeutet gleichzeitig eine Abkehr von wissenschaftlicher Norm, eine Zuwendung zu kulinarischen Werten, die nur außerordentlich schwer in Zahlen und Anweisungen zu fassen sind.

Zum eigentlichen Nudelteig gehören:

400 g Weißmehl, 1 gute Prise Salz, 4 Eier, evtl. 1–2 EL Öl.

Das Mehl wird auf ein Nudelbrett oder eine glatte Oberfläche geschüttet, mit den Fingern wird in der Mitte eine Vertiefung gebildet, in die man das

---

Die Arno-Überschwemmung im November 1965 verursachte in Florenz enormen Sachschaden: Das Wasser drang in die Keller und unteren Geschoße der Wohnungen, Theater und Museen ein. Die Mischung aus Wasser, Heizöl und Dreck wurde in wochenlanger Arbeit aus den Kellern gepumpt: Die Regierung entsandte Armee-Einheiten und rief zur internationalen Hilfe auf. Tausende von Freiwilligen eilten der Bevölkerung zu Hilfe und beteiligten sich an den Restaurierungsarbeiten der beschädigten Kunstwerke. Auch die Teigwarenindustrie von Florenz und Umgebung war an der Rettungsaktion beteiligt: Die unersetzlichen Manuskripte aus dem Mittelalter und der Renaissance, die sich in der Medici-Bibliothek befanden, wurden von Freiwilligen-Gruppen gereinigt, gewaschen und in die Spaghetti-Trocknungsanlagen der lokalen Hersteller gebracht. Zu diesem Zwecke wurden die einzelnen Seiten an den für die Trocknung der Spaghetti vorgesehenen Drähten aufgehängt und durch die Trockenöfen geschickt. Nur auf diese Weise konnte der Wettlauf mit dem Schimmel gewonnen werden.

Salz und die Eier gibt. Von der Mitte her drückt man von Hand kleine Mengen vom Mehl über die Eier und vermischt so das Ganze zu einer Masse, die am Ende der Verarbeitung (ca. 10 Minuten) zäh und elastisch (ja nicht brüchig!) sein soll. Wenn der Teig zu trocken erscheint, kann man noch Oliven- oder gewöhnliches Öl und gegebenenfalls einige Tropfen Wasser beigeben. Der Teig soll mindestens eine Viertelstunde ruhen. So einfach ist das.

Und zur Verarbeitung des Teigs:
Im Prinzip wird für alle Sorten hausgemachter Teigwaren der Teig ausgerollt. Dies geschieht wie für den üblichen Kuchenteig auf einem Brett, oder auf glatter Unterlage, mit dem Nudelholz. Zuvor verteilt man etwas Mehl auf der Unterlage, damit der Teig nicht klebt, und dies wird wiederholt, sobald er erneut zu haften beginnt.

Es ist von Vorteil, den Teig in kleinere Stücke zu schneiden, um nicht zu große Flächen auf einmal ausrollen zu müssen. Für alle Teigwarensorten sollte der Teig so dünn wie möglich sein, d.h. der Schein einer Glühbirne sollte auf die Entfernung von einem Meter durch den Teig sichtbar sein. Für die Formung können verschiedene Schneidinstrumente und -maschinen verwendet werden. Nudeln sind am einfachsten herzustellen, indem man die Teigplatten zusammenrollt und dann kleine Scheiben in der gewünschten Nudelbreite (2–6 mm) mit einem scharfen Messer schneidet.

Nudeln kann man kochen und verkochen

Es gibt in der Tat nichts einfacheres als Nudeln zu kochen, und die nachfolgenden Anweisungen können Sie getrost für sämtliche in diesem Buch beschriebenen Rezepte befolgen, wenn nichts anderes vermerkt wird.

Wichtig ist, daß die Teigwaren in viel Wasser kochen. Einige Köche meinen, das Wasser müsse das Zehnfache des Trockengewichtes der Teigwaren betragen. Das Wasser wird gesalzen und zum Sieden gebracht. Man »wirft« die Spaghetti (in Nord- und Mittelitalien) ins Wasser, oder man »läßt sie hineingleiten« (in Süditalien), und zwar nicht gebündelt, sondern ausgefächert, damit jeder einzelne Spaghetto von allen Seiten benetzt wird. Es ist wichtig, daß das Wasser so rasch als möglich wieder kocht, damit die Spaghetti nicht verkleben. Aus diesem Grunde sind breite Töpfe empfehlenswert, die auf einer großen Fläche beheizt werden können. Es wird einmal leicht gerührt und anschließend die Flamme zurückgedreht. Es reicht jetzt, wenn das Wasser ganz leicht kocht.
Normalerweise ist die Kochzeit auf der Packung vorgeschrieben. Andernfalls empfiehlt es sich, ab und zu einen Spaghetto herauszufischen und hineinzubeißen. Am besten schmecken Teigwaren »al dente« (auf den Zahn), d.h. wenn sie spürbar gekocht, aber noch ganz leicht knackig sind.

Unzertrennlich: Spaghetti und Käse

Über die meisten Teigwarengerichte streut der Feinschmecker zur Vollendung des kulinarischen Erlebnisses eine Prise bis zu einem Eßlöffel geriebenen Käse. Je nach Rezept wird der Käse auch schon während der Zubereitung beigegeben.

Das Geheimnis dieser letzten Zutat liegt im Geschmack und in der Konsistenz der dafür verwendeten Käsesorten. Dabei ist – dies gilt für Käse ebenso wie für alle anderen Naturprodukte – frisch geriebener Käse weit besser und paßt sich auch besser den übrigen Zutaten an, als der in Tüten verkaufte Reibkäse.

Wer Gelegenheit hat, seinen Käse direkt in Italien einzukaufen, wird sich einen Parmesan aus der Region Emilia aussuchen oder gar einen »grana«, einen parmesanartigen Käse mit von Ort zu Ort verschiedenen Geschmacksnuancen. Der Sbrinz weist weitgehend ähnliche Eigenschaften wie der klassische Parmesan auf, ist aber milder und weicher.

Als weitere Möglichkeit können auch spröde Schafs- und Ziegenkäse verwendet werden, wie z.B. der italienische »pecorino«.

Wer keinen Parmesan zur Hand hat, der zu Teigwaren zweifellos am besten paßt, der wähle zum Reiben einen möglichst trockenen, harten Käse ohne speziellen Beigeschmack (norwegischer brauner Käse oder stark gewürzte Hartkäse, wie sie etwa in Korsika produziert werden, eignen sich zum Beispiel nicht).

Neben der geschmacklichen Bereicherung hat der Reibkäse auch bindende Funktion. Manches Gericht erhält durch Zugabe von Käse eine gewisse Festigkeit, ohne dabei zu verpappen, die eine »Bearbeitung« mit der Gabel erleichtert.

Der Mozzarella wird speziell für Ofenteigwaren, also gratinierte Nudelgerichte, verwendet. Er ist im Gegensatz zu Parmesan, Sbrinz und Pecorino sehr weich und ist zur Erhaltung der Feuchtigkeit ausschließlich in luftdichten Packungen im Handel.

Rezepte - Rezepte

Die in den Rezepten angegebenen Teigwarenformen sollen nur Vorschläge sein. Sie sind in vielen Fällen auswechselbar. Spaghetti können z. B. ohne weiteres durch Bandnudeln oder Makkaroni, manchmal auch durch kurze Formen wie Rigatoni ersetzt werden. Die Eignung bestimmter Teigwarenformen (sie sind in der Teigwaren-Typologie auf Seite 85 beschrieben) zu den jeweiligen Saucen oder Zutaten ist durch die Köchin bzw. den Koch selbst abzuschätzen.

Übrigens beziehen sich alle Rezeptangaben, wenn es nicht ausdrücklich anders angegeben ist, auf Gerichte für 4 Personen.

Gerichte mit Spaghetti

(Zu feinen Saucen ohne grobe Bestandteile können Sie statt Spaghetti auch Taglierini oder Fedelini verwenden).

Beginnen wir gleich mit dem bekanntesten aller Spaghetti-Rezepte, mit den

Spaghetti Napoli

Dazu braucht man, wenn man sie wirklich auf neapolitanische Art zubereiten will, ganz frische Tomaten. Immerhin geben sich auch die Neapolitaner mit Tomaten aus der Dose zufrieden, wenn die frischen nicht erhältlich sind (z. B. im Winter). Als Zutaten brauchen Sie:

400 g Spaghetti,
800 g reife Tomaten oder ca. die gleiche Menge geschälte Dosentomaten,
1 Zwiebel, ½ dl Öl,
einige Blätter Basilikum oder 2 EL getrockneten Basilikum,
1 Prise Salz, 1 Prise Pfeffer.

Zubereitungszeit: ca. ½ Stunde.

Tomaten heiß überbrühen und schälen, Kerne entfernen und die Tomaten in kleine Stücke schneiden. Die fein geschnittene Zwiebel im Öl bräunen, Tomaten und Basilikum beigeben, salzen, pfeffern und auf kleiner Flamme die Sauce einkochen lassen. Die Spaghetti kochen, abschütten und mit der Tomatensauce anmachen. Die Beigabe von Parmesan ist nicht unbedingt nötig. Falls Sie Dosentomaten verwenden, verfahren Sie genauso, müssen aber die Sauce ca. 5 Minuten länger einkochen lassen.

Spaghetti Bolognese

Es gibt Hunderte von Rezepten für Bolognese-Sauce, genau wie für die Sauce Napoli. Wir werden uns hier vorerst mit einem der einfachsten dieser Rezepte zufriedengeben. Später werden Sie entweder auf andere, kompliziertere Rezepte stoßen oder von sich aus in Versuchung kommen, das Rezept nach eigenem Gusto zu ändern. Sie brauchen

400 g Spaghetti, 1 Zwiebel, 2 Knoblauchzehen, 200 g Hackfleisch, 1 dl Öl, 1 dl Rotwein, 1 Lorbeerblatt, 500 g geschälte Tomaten, Salz und Pfeffer, 80 g geriebenen Parmesan.

Zubereitungszeit: ca. 1 Stunde.

Zwiebel und Knoblauch fein hacken und, zusammen mit dem Hackfleisch, im Öl anbraten. Mit Wein ablöschen und auf kleiner Flamme weiterkochen lassen, bis der Wein eingekocht ist. Lorbeerblatt beifügen. Tomaten dazugeben, salzen, pfeffern und kochen lassen, bis die Sauce sämig wird. Spaghetti kochen und abschütten, Sauce darübergießen. Der Parmesan wird separat bei Tisch serviert.

Als weiteres Rezept geben wir Ihnen eines, das außerhalb Italiens wenig bekannt ist, in Italien aber hochgeschätzt. Eigentlich wird es mit Trenette und nicht mit Spaghetti zubereitet. Trenette unterscheiden sich nur darin von Spaghetti, daß ihr Querschnitt elliptisch statt rund ist. Der Unterschied ist aber wirklich nur gering und Sie dürfen getrost Spaghetti nehmen. Falls Sie sich in Genua oder an der Riviera aufhalten, so sollten Sie nicht wegreisen, bevor Sie diese Spezialität genossen haben:

Spaghetti al pesto genovese

Hauptsächlich wegen dieses Gerichts wird Ligurien, die Region um Genua, zu den Hochburgen der italienischen Kochkunst gezählt. Die einheimische Bevölkerung ist sogar der Meinung, daß nur ligurischer Basilikum dem Gericht sein volles Aroma verleihen kann. Wenn Sie also, von Genua kommend, eine ausgewanderte genuesische Familie besuchen, können Sie ihr die größte Freude bereiten, wenn Sie zum Geschenk einen oder zwei Büschel genuesischen Basilikums mitbringen. Eine Besonderheit dieses Gerichtes liegt in der Verwendung von Kartoffeln zusammen mit Teigwaren. »Pesto« ist die Bezeichnung für die kalte Sauce, die im Mörser hergestellt wird (das Wort Pesto kommt vom italienischen pestare = drücken, zerreiben). Nur noch einen Hinweis: Dieses, und nur dieses, ist das Originalrezept! Trauen Sie also keinem anderen!

400 g Spaghetti (besser wären Trenette, aber Spaghetti oder Bandnudeln tun's auch), 1 großer Büschel frischer Basilikum (ca. 50 g), 1 dl Olivenöl, 4 Knoblauchzehen, 50 g Pinienkerne, 100 g sardischer Pecorino-Käse (es darf auch Parmesan sein), Salz, Pfeffer, 4 mittelgroße Kartoffeln, 300 g frische grüne Bohnen, 50 g Butter.

Zubereitungszeit: ca. 1 Stunde.

Nur die Blätter des Basilikums im Mörser oder Mixer zerreiben. Das Öl, den Knoblauch, Pinienkerne und Käse in kleinen Mengen beifügen und ebenfalls zerreiben. Am Schluß sollte die Sauce die Konsistenz einer Sauce Napoli (Rezept Seite 26) aufweisen: Dies kann durch Dosieren von Käse oder durch Beigabe von lauwarmem Wasser erreicht werden. Ganz wenig salzen und pfeffern, wobei die Sauce ihre Milde behalten sollte, um das Aroma des Basilikums nicht zu übertönen. Kartoffeln schälen, Bohnen putzen und zusammen in Wasser dämpfen, kurz abkühlen lassen und die Kartoffeln in ca. ½ cm dicke Scheiben schneiden. Teigwaren kochen und abschütten, in eine Schüssel zusammen mit den Kartoffeln und Bohnen geben. Beim Mischen sollten die Kartoffelscheiben in kleine Stücke zerbrechen (jedoch nicht zu Kartoffelpüree werden!). Sauce darübergießen und Butter beimischen. Zu diesem Gericht wird kein geriebener Käse extra serviert.

Über Spaghettibäume und Spaghettiernte
Es wird berichtet, daß eine feine Pariserin im letzten Jahrhundert einen Bekannten, der gerade aus Italien zurückgekehrt war, fragte, welcher Art denn der Baum sei, auf dem die Makkaroni wüchsen. Eine amerikanische Fernsehstation strahlte einmal eine Sendung aus, in der die Spaghettiernte in Apulien zu sehen war. Wir wissen nicht genau, im welchem Jahr das war, aber den Tag kennen wir mit Sicherheit: Es war der 1. April.

Verweilen wir ein wenig bei den verschiedenen Tomatensaucen. Es gibt sie in unzähliger Menge. Hier einige der bekanntesten Abwandlungen:

Spaghetti mit Tomaten, Oliven und Kapern

Dieses Gericht wird oft in der Gegend um Rom zubereitet.

400 g Spaghetti, 1 kg frische oder Dosentomaten,
2 zerquetschte Knoblauchzehen,
1 zerkleinertes Stück scharfe Pfefferschote oder
1 TL Cayennepfeffer, 1 dl Öl, Salz,
100 g ausgekernte und halbierte schwarze Oliven,
1 EL Kapern, 1 EL gehackte Petersilie.

Zubereitungszeit: ca. ½ Stunde.

Tomaten häuten, den Kernsaft und das grobe Kernstück entfernen. Falls Dosentomaten verwendet werden, diese zerdrücken. Knoblauch und Pfefferschote (bzw. Cayennepfeffer) im Öl mäßig bräunen, Knoblauch herausnehmen. Tomaten beifügen, salzen und das Ganze zum Kochen bringen. Topf zudecken und auf kleinem Feuer ca. 15 Minuten kochen. Vom Feuer nehmen, Oliven und Kapern beifügen. Die gekochten und abgeschütteten Spaghetti in einer Schüssel anrichten, die Sauce darübergießen, mischen und mit Petersilie bestreuen. Zu diesem Gericht wird kein Käse serviert.

Falls Sie Paprikaschoten lieben, so müssen Sie folgendes Rezept versuchen:

Spaghetti mit Tomaten, Paprikaschoten und Eierfrüchten

400 g Spaghetti, 4 große milde Paprikaschoten, 1 dl Öl, 300 g Eierfrüchte, 40 g Butter, 100 g Hackfleisch, 100 g Würfelspeck, 20 g gehackter Sellerie, 1 gehackte Karotte, 1 EL gehackte Petersilie, 500 g frische, geschälte Tomaten, Salz, Pfeffer, 80 g Parmesan.

Zubereitungszeit: ca. 2 Stunden.

Die Haut von den Paprikaschoten nach kurzem Anbraten in Öl entfernen, Paprikaschoten in schmale Streifen schneiden. Eierfrüchte ebenfalls in Streifen schneiden, ohne jedoch die Haut zu entfernen. Butter in der Pfanne erhitzen. Das Fleisch, den Speck, Paprikaschoten, Eierfrüchte, Sellerie, Karotte und Petersilie dazugeben und auf mäßiger Flamme schmoren. Tomaten zubereiten (frische Tomaten schälen, entkernen und Fruchtfleisch hacken, Dosentomaten zerdrücken) und in die Bratpfanne geben. Wenn die Tomaten sich am Boden der Pfanne anzusetzen beginnen, salzen und pfeffern und ca. 1/2 Stunde auf kleiner Flamme kochen. Spaghetti kochen und abtropfen, in einer Schüssel anrichten und die Sauce darübergießen. Gut mischen. Parmesan erst bei Tisch dazu servieren.

Spaghetti mit Tomaten und Basilikum

400 g Spaghetti (oder sonstige Teigwaren), 1 kg frische Tomaten, 40 g Butter, Salz, Pfeffer, ca. 25 g frischer Basilikum oder 3 EL getrockneter Basilikum, 80 g Parmesan.

Zubereitungszeit: ca. 1 1/4 Stunden.

Tomaten schälen, vierteln und ohne Salz, Wasser oder irgendwelche Zutaten in eine Pfanne geben. Ca. 1/2 Stunde kochen lassen, bis sich eine dicke Sauce gebildet hat. Durch das Passiergerät geben. Während die Teigwaren kochen, die Butter in einer großen Pfanne schmelzen und die abgegossene Teigwaren dazugeben, bevor sie

---

Über die Tomate

Es ist ja allgemein bekannt, daß die Tomaten aus Amerika nach Europa kamen. Ursprünglich wurden Spaghetti mit Honig, Zucker, Zimt und Käse angemacht. Später verwendete man Fleisch-, Fisch- und Gemüsesaucen. Erst in einem Kochbuch aus dem Jahre 1705 aus der Toskana ist ein Rezept für Spaghetti mit Tomatensauce veröffentlicht. Denn lange Zeit wurde die Tomate für giftig gehalten. Erst im 17. und 18. Jahrhundert feierte sie ihren Einzug in die italienische und – insbesondere – neapolitanische Küche.

ganz gar sind. Tomaten, Salz, Pfeffer und Basilikum hinzufügen. Auf schwachem Feuer verrühren und mit Parmesan vermengen.

Wir haben oben erwähnt, daß Spaghetti und Fisch ausgezeichnet zueinander passen. Dies ist vor allem auf die Eßgewohnheiten derjenigen italienischen Regionen zurückzuführen, die am Meer liegen und wo die Bevölkerung zwei Grundnahrungsmittel miteinander zu mischen pflegt. Aber seit der Tiefkühlung sind glücklicherweise diese Leckerbissen nicht nur jenen Regionen vorbehalten. Wir sind überzeugt, daß folgendes Rezept Sie ganz bestimmt begeistern wird:

Spaghetti mit Meeresfrüchten

Die Zubereitung dieser Spezialität erfordert einige Erfahrung im Umgang mit Meeresfrüchten.

400 g Spaghetti, 500 g große schwarze Muscheln, 100 g Garnelen, 6 EL Olivenöl,
2 zerquetschte Knoblauchzehen,
1 Pfefferschote oder 1 EL Cayennepfeffer,
200 g Tintenfische, in Streifen geschnitten,
2 dl trockener Weißwein, 250 g Tomaten, Salz,
50 g Champignons, 1 gehackte Zwiebel,
2 EL gehackte Petersilie.

Zubereitungszeit: ca. 1 1/2 Stunden.

Die Weichteile aus den Muscheln nehmen. Am besten erfolgt dies, indem die Muscheln in einem Topf auf großer Flamme zugedeckt gekocht werden: Nach ca. 15 Minuten öffnen sie sich von selbst. Schale von den Garnelen entfernen. Falls Dosenware verwendet wird, muß das Wasser abgeschüttet werden. 3 EL Olivenöl in eine Bratpfanne geben und mit dem Knoblauch und der Pfefferschote (bzw. dem Cayennepfeffer) gut erhitzen. Die Tintenfische beifügen und ca. 10 Minuten bei ständigem Wenden braten. Die Hälfte des Weins darübergießen, verdampfen lassen und dann die geschälten, zerschnittenen Tomaten und das Salz hinzugeben. Bratpfanne zudecken und das Ganze ca. 1 Stunde schmoren lassen. In der Zwischenzeit die in Scheiben geschnittenen Champignons in einem EL Öl braten. In eine dritte Bratpfanne kommen die Zwiebel und die restlichen 2 EL Öl: Die Zwiebel wird goldgelb gebraten. Anschließend den restlichen Weißwein darübergießen und höchstens 5 Minuten auf starker Hitze weiterkochen. Zuletzt den Inhalt der drei Bratpfannen zusammenschütten, Meeresfrüchte beifügen und das Ganze kurz erhitzen. Diese Sauce auf die gekochten und abgeschütteten Spaghetti gießen und mit der Petersilie vermengen. Keinen Käse dazu servieren!

Selbstverständlich gibt es viel einfachere Fischsaucen-Rezepte, als das oben beschriebene. Besonders reizvoll ist das folgende:

Spaghetti mit Garnelen und Muscheln

400 g Spaghetti, 3 EL Öl,
1 Knoblauchzehe, 1 Pfefferschote oder
1 EL Cayennepfeffer, Pfeffer,
500 g geschälte Tomaten, Salz,
100 g Garnelen, 200 g Muscheln aus der Dose,
3 EL gehackte Petersilie.

Zubereitungszeit: ca. 1 Stunde.

In 2 EL Öl den zerdrückten Knoblauch mit der Pfefferschote (bzw. dem Cayennepfeffer) und einer Prise Pfeffer bräunen, die zerdrückten Tomaten beifügen, salzen und eine Viertelstunde lang kochen. In einer anderen Bratpfanne gleichzeitig die kleingeschnittenen Garnelen und die Muscheln in 1 EL Öl anbraten. Meeresfrüchte in die Tomatensauce geben, das Ganze noch einige Minuten schmoren lassen und zusammen mit der Petersilie auf die gekochten und abgetropften Spaghetti geben. Zu diesem Gericht wird kein Käse serviert.

Großer Beliebtheit erfreuen sich in Italien (und besonders in Sizilien) Spaghettigerichte mit Thunfischsauce; dies vor allem, wenn der Thunfisch frisch ist. Allerdings ist der Erfolg auch bei Verwendung von Büchsenthunfisch garantiert.

Spaghetti mit Thunfischsauce

400 g Spaghetti, 2 Knoblauchzehen, 3 EL Öl,
500 g geschälte Tomaten, Salz, Pfeffer,
40 g Butter, 20 g Sardellen aus der Dose,
100 g Tunfisch, 3 EL gehackte Petersilie.

Zubereitungszeit: ca. 1 Stunde.

Die zerquetschten Knoblauchzehen in 2 EL Öl bräunen, die zerdrückten Tomaten, Salz und Pfeffer beifügen und auf mäßigem Feuer einkochen lassen. Die Butter mit den Sardellen in einer kleinen Schüssel zu einer Paste verarbeiten. Den zerkleinerten Thunfisch in 1 EL Öl bräunen und der Tomatensauce beifügen. Am Schluß die Butter mit den Sardellen dazugeben und das Ganze gut vermengen. Die Teigwaren mit dieser Sauce anrichten und mit der Petersilie bestreuen.

Spaghetti mit Sardellen und Pilzen

400 g Spaghetti, 1 Handvoll getrocknete Pilze
(ca. 30 g), 3 EL Öl, 2 Knoblauchzehen,
20 g Sardellen aus der Dose, 1 Lorbeerblatt,
1 Paprikaschote, 500 g geschälte Tomaten
(Dose), 1 Büschel Petersilie, 1 EL Kapern,
1 TL Oregano, Pfeffer, Salz.

Zubereitungszeit: ca. 1½ Stunden.

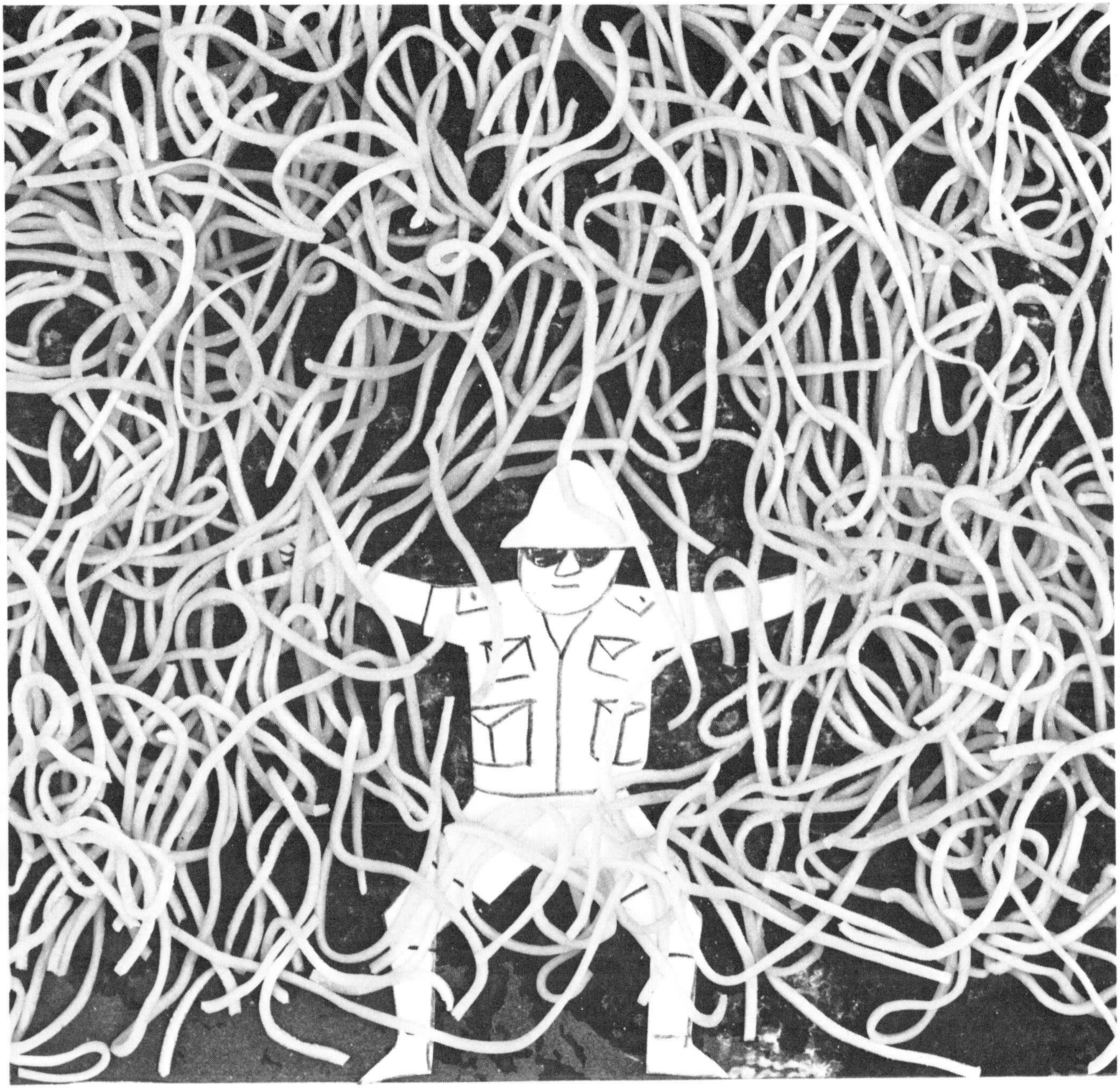

Die Pilze in lauwarmem Wasser aufweichen. Im Öl den zerschnittenen Knoblauch und die Sardellen dünsten. Den Knoblauch entfernen und das Lorbeerblatt mit der gehackten Paprikaschote, den zerschnittenen Pilzen und den zerdrückten Tomaten beifügen. Mit der gehackten Petersilie, den Kapern und dem Oregano vervollständigen und pfeffern. Wenig Salz hinzufügen und auf kleiner Flamme ca. 1/2 Stunde kochen lassen. Spaghetti kochen, abgießen und abtropfen lassen. Mit der Sauce vermischen. Dazu wird kein Käse gereicht.

Eines der berühmtesten Spaghetti-Rezepte ist dasjenige für

Spaghetti amatriciana

Das Gericht wird nach der mittelitalienischen Stadt Amatrice genannt und ist in der Umgebung Roms und in den Abruzzen sehr verbreitet.

400 g Spaghetti (oder dünne Makkaroni),
100 g magerer, in Würfel geschnittener Speck,
2 EL Olivenöl, 1/4 fein gehackte Zwiebel,
1 Stück Pfefferschote (scharf)
oder 1 TL Cayennepfeffer,
250 g geschälte Tomaten (Dose),
Salz, 100 g Parmesan.

Zubereitungszeit: ca. 3/4 Stunde.

Speck im Öl auf kleiner Flamme braten, herausnehmen und warm halten. Im gleichen Öl die Zwiebel zusammen mit der Pfefferschote (bzw. dem Cayennepfeffer) goldgelb braten, dann die Tomaten und das Salz beifügen und ca. eine Viertelstunde kochen. Die Speckwürfel wieder dazugeben. Die Teigwaren kochen und mit der Sauce und dem Parmesan anmachen.

Es gibt eine Unmenge saftiger Spaghettirezepte, die mit Speck zubereitet werden. Im folgenden einige der bekanntesten:

Spaghetti mit Speck und Schafskäse

Dieses etwas scharfe Gericht kann gemildert werden, wenn Sie Parmesan anstelle des Schafskäse (pecorino) verwenden. Im übrigen eignet sich Parmesan immer, wenn Sie gerade keinen Schafskäse zur Hand haben sollten.

400 g Spaghetti,
100 g in hauchdünne Streifen
geschnittener Speck, 1 EL Butter, Salz, Pfeffer,
80 g geriebener Schafskäse (oder Parmesan).

Zubereitungszeit: ca. 1/2 Stunde.

Die Spaghetti und die Sauce werden gleichzeitig zubereitet.

Die Speckstreifen in der Butter braten und wenn nötig leicht salzen. Die gekochten und abgeschütteten Spaghetti in einer Schüssel anrichten, die Speckstreifen in Butter dazugeben, reichlich mit Pfeffer bestreuen und mit dem Käse gut vermengen.

Spaghetti mit Speck und Knoblauch

400 g Spaghetti, 3 EL Öl,
2 zerquetschte Knoblauchzehen,
250 g magerer Speck in Würfeln,
100 g Schafskäse oder Parmesan, Pfeffer.

Zubereitungszeit: ca. ½ Stunde.

Die Sauce wird während des Kochens der Spaghetti zubereitet. Öl, Knoblauch und Speckwürfel in eine große Bratpfanne geben und anbräunen. Die Pfanne vom Feuer nehmen, Knoblauch entfernen. Spaghetti nicht ganz gar kochen, abschütten, in die Bratpfanne geben und unter ständigem Lockern mit 2 Gabeln noch ca. 2 Minuten weitergaren. Käse und viel Pfeffer daruntermischen und das Ganze noch eine Minute bei guter Hitze rühren. Sofort servieren.

Knoblauch ist ein Gewürz, das zu den meisten Spaghetti-Rezepten vorzüglich paßt. Hier also gleich einige Knoblauch-Teigwarengerichte:

Spaghetti mit Knoblauch und Öl

400 g Spaghetti, 4 Knoblauchzehen,
4 EL Olivenöl, Salz, Pfeffer,
1 EL gehackte Petersilie,
80 g Parmesan (kann, muß aber nicht).

Zubereitungszeit: ½ Stunde.

Die Sauce wird kurz vor dem Anrichten der Spaghetti zubereitet. In einer Bratpfanne den Knoblauch im Öl goldgelb braten und dann herausnehmen. Das Öl salzen und sehr heiß halten, weil es zischen muß, wenn es über die Teigwaren gegossen wird. Den Pfeffer auf die gekochten und abgetropften Teigwaren mahlen, das heiße Öl darüber schütten und mit der gehackten Petersilie verrühren.

Spaghetti mit Knoblauch, Öl und Tomaten

Ein perfektes Knoblauchgericht für Schnellentschlossene.

400 g Spaghetti, 3 EL Ölivenöl,
2 fein gehackte Knoblauchzehen,
1 Pfefferschote oder 1 TL Cayennepfeffer,
750 g geschälte Tomaten,
Salz, Pfeffer, 2 EL gehackte Petersilie.

Zubereitungszeit: ½ Stunde.

Die Sauce wird erst während des Kochens der Spaghetti zubereitet. Öl, Knoblauch und Pfefferschote (bzw. Cayennepfeffer) in eine Bratpfanne geben, bis der Knoblauch goldgelb gebraten ist. Tomaten, Salz und Pfeffer beifügen und das Ganze eine Viertelstunde auf starker Flamme kochen. Zusammen mit der Petersilie auf die gekochten und abgeschütteten Spaghetti geben. Zu diesem Gericht wird kein Käse serviert.

Spaghetti mit Knoblauch, Öl und Oregano

Hier das Rezept der berühmten Spaghetti marinara:

400 g Spaghetti,
4 zerquetschte Knoblauchzehen,
4 EL Olivenöl, Pfeffer,
1 Stück Pfefferschote oder 1 TL Cayennepfeffer,
Salz, 1 EL Oregano.

Zubereitungszeit: ½ Stunde.

Die Sauce wird während des Kochens der Teigwaren zubereitet. Kurz bevor die Teigwaren gar sind, den Knoblauch in Olivenöl mit ein wenig Pfeffer und der Pfefferschote (bzw. dem Cayennepfeffer) auf starker Flamme bräunen. Knoblauch entfernen. Sobald die Spaghetti gar sind, anrichten, ein wenig Salz darüberstreuen, das heiße Öl darübergießen, mit Oregano bestreuen, gut vermischen und servieren. Zu diesem Gericht wird kein Käse serviert.

Haben Sie schon einmal von Spaghetti carbonara gehört? Die Bezeichnung bedeutet »Spaghetti nach Köhler-Art«. Es ist dies ein sehr berühmtes Rezept, von dem es zahlreiche Variationen gibt. Damit Sie sich selbst von den Unterschieden in der Zubereitung und im Geschmack überzeugen können, geben wir Ihnen nachstehend drei verschiedene Rezepte.

Spaghetti Carbonara (Rezept Nr. 1)

400 g Spaghetti,
150 g Magerspeck in Würfeln, ½ dl Öl, 4 Eier,
50 g geriebener Parmesan, Salz, Pfeffer.

Zubereitungszeit: ½ Stunde.

Die Sauce wird während des Kochens der Spaghetti zubereitet. In einer Bratpfanne den in Würfel geschnittenen Speck im Öl braten. In einer Schüssel die Eier mit dem Käse, Salz und Pfeffer verrühren. Den Speck beifügen, ständig verrühren und vom Feuer nehmen, sobald die Eier anfangen zu gerinnen. Die nicht ganz gargekochten Spaghetti abschütten und in die Bratpfanne geben. Schnell mischen und servieren.

Spaghetti Carbonara (Rezept Nr. 2)

400 g Spaghetti,
200 g in Würfeln oder Streifchen geschnittener Speck,
4 Eier, 2 EL Sahne, Salz, Pfeffer,
50 g geriebener Parmesan.

Zubereitungszeit: ½ Stunde.

Die Sauce wird während des Kochens der Spaghetti zubereitet. Den Speck in einer großen Bratpfanne auf nicht zu großem Feuer braten. Die nicht ganz gar gekochten Spaghetti abschütten, in der Bratpfanne mit dem Speck vermischen und 2–3 Minuten lang erhitzen. Inzwischen die Eier mit der Sahne verrühren, wenig Salz und viel Pfeffer beifügen und kurz vor dem Anrichten über die Spaghetti gießen. Alles schnell vermengen, da die Eier flüssig bleiben müssen, und heiß servieren. Parmesan erst bei Tisch dazugeben.

Spaghetti Carbonara (Rezept Nr. 3)

400 g Spaghetti,
100 g Magerspeck in Würfeln,
½ dl Öl, 3 Eier, 2 EL Milch,
30 g geschmolzene Butter,
100 g Parmesan, Salz, Pfeffer.

Zubereitungszeit: ½ Stunde.

Die Sauce wird während des Kochens der Spaghetti zubereitet. Die Speckwürfel im Öl goldgelb braten, herausnehmen und warm halten. Inzwischen die Eier, Milch, geschmolzene Butter, Parmesan, Salz und Pfeffer in eine Schüssel geben und das Ganze mit dem Schneebesen zu einer schaumigen Masse verrühren. Die gekochten und abgeschütteten Spaghetti zusammen mit der Ei-Milch-Käse-Mischung in die Bratpfanne geben und auf leichter Flamme umrühren, bis die Sauce zu stocken beginnt. Sofort mit den Speckwürfeln überstreut anrichten.

Spaghetti mit Steinpilzen

Ein besonders schmackhaftes Rezept für den Herbst.

400 g Spaghetti, 300 g frische Steinpilze,
100 g Butter, Salz, Pfeffer,
1 dl Sahne,
50 g Parmesan.

Zubereitungszeit: ca. 1 Stunde.

Die Steinpilze in feine Scheiben schneiden und auf schwacher Flamme mit der Hälfte der Butter schmoren. Salzen, pfeffern und mit der Hälfte der Sahne abschmecken. Die Spaghetti kochen und abschütten, die restliche Sahne und Butter darunterrühren. Die Pilzsauce darübergießen und sofort servieren.

Spaghetti mit Paprikaschoten

400 g Spaghetti, 1 kleine Zwiebel,
1 Knoblauchzehe, 50 g Butter, ½ dl Öl,
2 große grüne Paprikaschoten,
25 g Sardellen aus der Dose,
250 g geschälte Tomaten,
Salz, Pfeffer,
1 dl trockener Weißwein.

Zubereitungszeit: ca. 1 Stunde.

Die gehackte Zwiebel und den Knoblauch in der Butter und dem Öl dämpfen, die in schmale Streifen geschnittene Paprikaschote beifügen und und ca. ¼ Stunde lang kochen. Die zerkleinerten Sardellenfilets beigeben und solange umrühren, bis sie sich auflösen. Mit den Tomaten, Salz, Pfeffer und dem Weißwein vervollständigen und die Sauce einkochen lassen. Die Teigwaren kochen, abtropfen lassen und mit der Sauce vermischen.

Spaghetti mit Eierfrüchten

Es ist jammerschade, daß Eierfrüchte (Auberginen) sich in Mitteleuropa nicht größerer Beliebtheit erfreuen. Dieses südländische Gemüse ist vor allem bei den Südfranzosen beliebt, die es als Bestandteil der berühmten »Ratatouille« verwenden, und natürlich bei allen Mittelmeeranrainern. Nachstehend ein besonders schmackhaftes Eierfruchtgericht:

400 g Spaghetti,
3 mittelgroße Eierfrüchte, Salz,
5 EL Mehl, 2 dl Öl, 80 g Butter,
80 g Parmesan, Pfeffer.

Zubereitungszeit: ca. 1 Stunde.

Die Eierfrüchte in kleine Stücke schneiden, salzen und ruhen lassen, bis sie etwas Wasser gezogen haben (ca. ½ Stunde), anschließend leicht im Mehl wälzen und in ziemlich viel Öl backen. Die Spaghetti kochen, abtropfen lassen, mit der Butter und dem Parmesan anmachen, pfeffern und mit den Eierfrüchten belegen. Sofort servieren.

Spaghetti mit Zucchini und Champignons

Ebenfalls ein sommerliches Gericht für Gemüseliebhaber.

400 g Spaghetti, 250 g Champignons,
3 EL Öl, 2 Knoblauchzehen,
2 EL Basilikum,
500 g geschälte Tomaten (Dosenware),
Salz, Pfeffer,
500 g Zucchini,
40 g Butter, 80 g Parmesan.

Zubereitungszeit: ca. 1¼ Stunden.

Champignons in Scheiben schneiden. Die Hälfte des Öls zusammen mit den Knoblauchzehen und dem Basilikum erhitzen. Die zerdrückten Tomaten, Salz und Pfeffer dazugeben und zum Kochen bringen. Bratpfanne zudecken und auf kleiner Flamme noch weitere 30 Minuten kochen lassen. Dann den Knoblauch entfernen und die Sauce warmhalten. Zucchini in Scheiben schneiden und im restlichen Öl anbraten. Die Champignons hinzufügen und noch einige Minuten mitbraten. Über die inzwischen gekochten und abgeschütteten Spaghetti die Butter in Flocken verteilen, die Tomatensauce beifügen und gut mischen. Schließlich die Zucchini mit den Champignons darübergießen. Der Parmesan wird separat serviert.

Spaghetti und Politik

Das faschistische Regime in Italien (1922–1945) erklärte den Spaghetti den Krieg: Die Teigwaren seien – so der futuristische Dichter Marinetti, der sich für diese Werbekampagne einspannen ließ – die »absurde italienische gastronomische Religion«. Die offizielle Begründung für diese Abneigung gegen alle Teigwaren war ihr Kaloriengehalt: Der faschistische Mensch müsse schön und kräftig sein, nicht dick und verfressen. Der tatsächliche Grund lag aber in der Autarkiepolitik des Regimes, d. h. in dem Bestreben des Landes, importunabhängig zu werden. Diese Politik ließ es nicht zu, große Mengen Hartweizen zu importieren, ohne an Glaubwürdigkeit zu verlieren. Aber auch Marinetti verlor seine Glaubwürdigkeit: Er wurde eines Abends »erwischt«, wie er in einem Mailänder Luxus-Restaurant einen Teller Spaghetti verschlang, was ihm in literarischen Kreisen Hohn und Spott einbrachte.

Spaghetti mit Walnüssen und Eiern

Sie haben richtig gelesen, Walnüsse sind nicht nur da, um roh oder in Kuchen gegessen zu werden. Sie können vorzügliches Ingredienz einer Spaghetti-Sauce sein.

400 g Spaghetti, 150 g gehackte Walnußkerne,
80 g Parmesan, 5 Eigelb,
1 dl Sahne, Salz, 80 g Butter.

Zubereitungszeit: ca. ½ Stunde.

Die Sauce wird während des Kochens der Spaghetti zubereitet. Die Walnüsse zerstoßen und mit dem Parmesan, Eigelb, Sahne und Salz in einer tiefen Schüssel zu einer cremigen Masse verarbeiten. Die gekochten Spaghetti in die Schüssel geben, Butter daruntermischen und mit der Sauce gut verrühren, bis die Hitze der Spaghetti das Eigelb leicht stocken läßt.

Spaghetti mit Walnüssen und Pinienkernen

400 g Spaghetti, 100 g Walnußkerne,
2 EL Pinienkerne, 50 g Butter, 50 g Parmesan,
Salz, Pfeffer, 2 Knoblauchzehen, 2 EL Olivenöl.

Zubereitungszeit: ca. 1 Stunde.

Die Walnüsse im Backofen leicht rösten, damit sich die Haut abreißen läßt. Zusammen mit den Pinienkernen im Mörser oder Mixer zerkleinern und in der erhitzten Butter bräunen. Durch ein Sieb passieren und die Butter abgießen. Nüsse und Pinienkerne mit dem Parmesan mischen, salzen, pfeffern und den gehackten Knoblauch beifügen. Mit 1–2 EL heißem Kochwasser der inzwischen abgeschütteten Spaghetti und dem Olivenöl verdünnen und gut vermengen. Die Sauce über die heißen Spaghetti gießen.

Spaghetti mit Hühnerbrust und Gänseleber

400 g Spaghetti, 80 g Butter,
150 g in Würfel geschnittene Hühnerbrust,
150 g gekochter Schinken in Würfeln,
100 g in Stücke geschnittene Gänseleber,
4 EL Sahne, Salz, Pfeffer,
50 g Parmesan.

Zubereitungszeit: ca. ½ Stunde.

Die Sauce wird während des Kochens der Spaghetti zubereitet. In der heißen Butter die geschnittene Hühnerbrust ca. 3 Minuten braten. Schinken dazugeben und weitere 2 Minuten unter ständigem Rühren weiterdünsten. Gänseleber, Sahne, Salz und Pfeffer beimischen, zum Kochen bringen, dann sofort vom Feuer nehmen und warm halten. Die gekochten und abgetropften Spaghetti mit der Butter, dem Parmesan und dieser delikaten Sauce anmachen.

Spaghetti mit Huhn, Eierfrüchten und Sauce Bolognese

400 g Spaghetti, 300 g frische Tomaten,
60 g Butter, 1 Zwiebel,
1 Knoblauchzehe, Pfeffer,
100 g gekochtes, in Stücke geschnittenes Hühnerfleisch,
50 g klein geschnittener Kochschinken,
1 EL Cognac oder Weinbrand,
Salz, 2 dl Sauce Bolognese
(siehe Rezept Seite 26),
2 Eierfrüchte (Auberginen), 2 EL Öl
50 g in Stücke geschnittener Mozzarellakäse,
80 g Parmesan.

Zubereitungszeit: ca. 1 Stunde.

Die Tomaten enthäuten, entkernen und in Stücke schneiden. Die Butter erhitzen und darin die gehackte Zwiebel und den gehackten Knoblauch mit einer guten Prise Pfeffer dünsten, bis die Zwiebel goldgelb ist. Hühnerfleisch und Schinken beifügen und ca. eine Minute weiterbraten, dann Cognac (oder Weinbrand) darübergießen. Die Tomaten mit wenig Salz dazugeben und das Ganze auf kleiner Flamme eine Viertelstunde kochen. In der Zwischenzeit die Sauce Bolognese aufwärmen und bereithalten. Im letzten Augenblick die in Streifen geschnittenen Eierfrüchte kurz in heißem Öl braten, bis sie goldgelb und knusprig sind. Die gekochten Spaghetti mit der Sauce Bolognese, der Tomatensauce, dem Mozzarella und dem Parmesan anmachen. Mischen und die gebackenen Eierfrüchte darübergeben.

Spaghetti mit gehacktem Rindfleisch und rohem Schinken

400 g Spaghetti, 250 g frische Tomaten,
20 g Butter, 150 g gehacktes Rindfleisch,
100 g feingehackter roher Schinken,
1 Zwiebel, 1 in kleine Stücke geschnittener Selleriestengel,
5 EL gehackter Basilikum,
1 dl trockener Weißwein,
Salz, Pfeffer, 100 g Parmesan.

Zubereitungszeit: ¾ Stunde.

Die Tomaten enthäuten, entkernen und das Fruchtfleisch hacken. Die Butter in der Bratpfanne erhitzen. Fleisch, Schinken, fein gehackte Zwiebel, Sellerie und Basilikum dazugeben. Nach ca. 5 Minuten den Weißwein darübergießen und einkochen lassen. Tomaten beifügen, salzen und pfeffern, die Pfanne zudecken und auf kleiner

AIR MAIL
Stampato in Italia - Imprimée en Italie - Printed in Italy
SAR
306/4

Flamme eine Viertelstunde kochen. Die nicht ganz gar gekochten Spaghetti einige Minuten in dieser Sauce heißrühren. Mit Parmesan bestreuen und servieren.

Spaghetti mit Butter und Salbei

Verwenden Sie unbedingt frische Salbeiblätter!

400 g Spaghetti, 100 g Butter, 4 Salbeiblätter,
2 dl Fleischbrühe, Pfeffer, 100 g Parmesan.

Zubereitungszeit: 1/2 Stunde.

Während die Spaghetti kochen, die Butter und den Salbei in ein Pfännchen geben. Wenn der Salbei zu dünsten beginnt, die Fleischbrühe darübergießen, reichlich mit Pfeffer bestreuen und das Ganze einige Minuten einkochen. Die gekochten und abgeschütteten Spaghetti mit dieser Sauce und dem Parmesan anmachen.

Zum Ursprung des Wortes Spaghetti

Bevor wir zum letzten Spaghettirezept kommen, möchten wir endlich enthüllen, daß das Wort »Spaghetti« wahrscheinlich von »Spago« (Schnur) kommt. Demzufolge sind Spaghetti aus Teig bestehende schnurförmige Erzeugnisse, »Schnürchen« aus Hartweizenteig.

Spaghetti mit vier Käsesorten

Zur Abwechslung ein Spaghettirezept, bei dem der Parmesan nur »primus inter pares« ist.

400 g Spaghetti, 50 g Emmentaler,
50 g Fontina, 50 g Edamer,
50 g Parmesan, 50 g Butter.

Zubereitungszeit: 1/2 Stunde.

Die Sauce wird während des Kochens der Spaghetti zubereitet. Alle Käsesorten in feine Stücke schneiden und in eine Suppenschüssel geben. Die abgeschütteten, sehr heißen Spaghetti in der Schüssel anrichten und die zerlassene Butter darübergießen. So lange untereinandermischen, bis der Käse geschmolzen und gleichmäßig verteilt ist.

Sie werden inzwischen gemerkt haben, daß der Strom der Spaghetti-Rezepte kaum einzudämmen ist, da der Phantasie einfach keine Grenzen gesetzt sind…

Zur Abwechslung wollen wir die nachfolgenden Rezepte nicht mehr mit Spaghetti, sondern mit Makkaroni zubereiten. Dabei dürfen Sie getrost die unten beschriebenen Saucen weiterhin auch mit Spaghetti oder Taglierini auftischen. Versuchen Sie es aber zunächst einmal mit Makkaroni. Bevor wir aber mit den Rezepten beginnen, möchten wir noch auf die Verbreitung der Makkaroni in Amerika kurz eingehen. Der amerikanische Präsident Thomas Jefferson (1743–1826) war einer der ersten Förderer der Spaghetti in den Vereinigten Staaten. Anläßlich einer Italienreise überzeugte er sich von der Bedeutung der Teigwaren, vor allem für eine junge und – damals – unterentwickelte Nation. Und er bat einen Freund, der 1789 nach Italien reiste, ihm die Requisiten für die Teigherstellung (Mischbecken und Teigpresse) mitzubringen. In den darauf folgenden Jahren unterstützte Jefferson tatkräftig die Verbreitung der Spaghetti in den USA. Teigprodukte wurden damals mit dem Sammelbegriff »Macaroni« bezeichnet: Die italienischen Einwanderer wurden spaßeshalber ebenfalls »Macaroni« genannt. Teigwaren werden noch heute in den Staaten als »Macaroni Product« bezeichnet.

Makkaroni mit Blumenkohl, Sardellen und schwarzen Oliven

Wir führen dieses Rezept als erstes an, weil wir es, gerade als wir an dieser Stelle unserer Betrachtungen angekommen waren, getestet haben und weil es wirklich vorzüglich geschmeckt hat.

400 g Makkaroni, 1 mittelgroßer Blumenkohl,
50 g Sardellenfilets aus der Dose,
12–15 entsteinte und halbierte schwarze Oliven,
3 Knoblauchzehen, 40 g Butter, Pfeffer.

Zubereitungszeit: ca. ½ Stunde.

Blumenkohl zerkleinert im Salzwasser nicht ganz weich kochen. Die zerdrückten Sardellenfilets, Oliven und den feingehackten Knoblauch in Butter ca. 5 Minuten dünsten. Die Blumenkohlstücke dazugeben, pfeffern und weichdünsten. Die gekochten und abgetropften Makkaroni mit der Sauce anmachen. Zu diesem Gericht wird kein Käse serviert.

Makkaroni mit Quark und Paprika

400 g Makkaroni,
200 g frischer Quark, 50 g Butter, Salz,
1 EL Paprikapulver (süß).

Zubereitungszeit: ca. ½ Stunde.

Die Makkaroni kochen. Inzwischen den Quark mit einigen Löffeln Kochwasser verdünnen. Die Butter, ein wenig Salz und den Paprika dazugeben. Die Makkaroni abschütten und mit dieser Sauce mischen.

Warum die Makkaroni Makkaroni heißen

Es gibt verschiedene Theorien über den Ursprung des Wortes. Eine bezieht sich auf Macchus, eine Figur des altrömischen Theaters. Nach einer anderen Version soll das Wort vom griechischen »makar« stammen, das »glücklich« oder »selig« bedeutet. Eine dritte ethymologische Spur führt zum spätlateinischen »maccare« (drücken, pressen), womit der Herstellungsvorgang angedeutet wäre.
Wenn man sich nicht allein den Sprachwissenschaftlern anvertraut, sondern einen Blick in die Mythologie tut, findet man auch folgende Version: Als sich die Musen eines Tages auf einen Spaziergang begaben, begegneten sie einer Menge bettelnder Dichter. Die Dichtermuse Thalia, die den Hunger ihrer Schützlinge mit einer gesunden und billigen (!) Speise stillen wollte, beauftragte ihren Famulus Macaräus mit der Konstruktion einer Maschine zur Herstellung von Makkaroni. Und Macaräus baute die Teigpresse, aus der Makkaroni in großer Menge herausflossen. Da es damals noch keine Patente gab, benannte er die Produkte seiner Maschine nach sich selbst.

Makkaroni mit Knoblauch, Oliven und Sardellen

400 g Makkaroni, 2 Knoblauchzehen,
25 g Sardellen aus der Dose,
2 EL Öl,
500 g geschälte Tomaten (Dosenware),
Salz, Pfeffer,
12–15 entsteinte grüne Oliven,
2 EL Kapern, einige Basilikumblätter,
1 TL Oregano.

Zubereitungszeit: ca. 1 Stunde.

Den Knoblauch und die Sardellen im heißen Öl anbräunen und mit der Gabel zerdrücken. Die zerdrückten Tomaten, Salz und Pfeffer dazugeben und auf starker Flamme kochen, bis die Sauce dick wird. Oliven, Kapern und das kleingehackte Basilikum beifügen. Noch einige Minuten lang kochen lassen und auf die gekochten Makkaroni gießen; mit Oregano bestreuen.

Makkaroni mit Artischocken

400 g Makkaroni, 6 Artischocken,
1 dl Zitronensaft, 1 Zwiebel,
2 EL Öl, 50 g Butter, Salz, Pfeffer,
100 g Schafskäse (oder Parmesan).

Zubereitungszeit: ca. 1 1/2 Stunden.

Die Artischocken von den harten Blättern befreien, in Scheiben schneiden und in eine Schüssel mit Wasser und Zitronensaft legen, damit sie nicht schwarz werden. In einer Bratpfanne die feingehackte Zwiebel in heißem Öl und Butter leicht bräunen. Die Artischocken aus dem Wasser nehmen, abtropfen lassen und dazugeben. Salzen, pfeffern und zugedeckt auf schwacher Flamme schmoren lassen. Die Makkaroni nicht ganz gar kochen und abschütten, in einen großen Topf geben. Die Artischocken mit der Hälfte des Schafskäse darunter mischen und das Ganze noch einige Minuten zugedeckt garen. Den Rest des Käse erst bei Tisch dazu servieren.

Makkaroni mit Tintenfischen

400 g Makkaroni, 500 g Tintenfische,
einige Basilikumblätter,
1 EL gehackte Petersilie,
1 dl Öl, Salz, Pfeffer,
200 g geschälte Tomaten (Dosenware),
2 gehackte Selleriestengel.

Zubereitungszeit: ca. 1 1/2 Stunden.

Die Tintenfische in dünne Streifen schneiden und mit dem Basilikum und der Petersilie in Öl anbraten, salzen und pfeffern. Anschließend auf kleiner Hitze 1 Stunde kochen lassen. Die zerdrückten Tomaten und die Selleriestengel dazugeben. Das Ganze noch eine Viertelstunde dünsten. Die Makkaroni kochen, abschütten und mit der Sauce anmachen.

Makkaroni mit Schweinswurst und Blumenkohl

400 g Makkaroni, 2 mittelgroße Kartoffeln, 1 Blumenkohl, 1 kleine Zwiebel, 1 dl trockener Weißwein, 20 g Butter, 1 dl Öl, 150 g Schweinswurst, Salz, Pfeffer, 50 g Parmesan.

Zubereitungszeit: ca. 1 Stunde.

Die in Scheiben geschnittenen Kartoffeln und den geschnittenen Blumenkohl in Salzwasser kochen, nach einigen Minuten die Makkaroni dazugeben und weiterkochen. Inzwischen die gehackte Zwiebel in Butter und Öl bräunen, die in Stücke geschnittene Schweinswurst, Salz und

---

Dem 1792 erschienenen Buch »The Art of Cookery« entnehmen wir ein »italienisches« Rezept, wonach die Teigwaren drei Stunden in Wasser und 16 (!) Minuten in Fleischbrühe gekocht werden sollen, »damit sie richtig weich werden«. Wir können bestätigen, daß dieses Ziel 100-prozentig erreicht wird, wenn man die Anweisung strikt befolgt.

Pfeffer beifügen und das Ganze mit Wein übergießen. Etwas einkochen lassen. Die gekochten und abgeschütteten Teigwaren mit dem Gemüse anrichten, Parmesan und Wurststücke darübergeben.

Rossini, Othello und die Makkaroni

Die berühmte Oper »Der Barbier von Sevilla« von Rossini wurde 1816 uraufgeführt. Der Applaus war nur sehr bescheiden: Rossini war entmutigt und ging mit dem Gedanken um, das Musizieren ganz aufzugeben. Aber sein Impresario lud ihn nach Neapel ein und ermutigte ihn, eine neue Oper, den »Othello«, zu komponieren. Sie sollte sechs Monate später aufgeführt werden, aber Rossini kam nicht weiter damit, beschäftigt wie er war, seine Tage und Nächte auf Banketten und Bällen zu verbringen. Eine Woche vor der Uraufführung – und noch keine einzige Note war auf dem Papier – griff der Impresario zu drastischen Maßnahmen und ließ Rossini kurzerhand in seinem Zimmer einmauern. Als einzige Nahrung erhielt der Komponist zwei Teller Makkaroni pro Tag, was für den verwöhnten Gourmet strengste Askese bedeutete. Nach 24 Stunden bereits flatterte aus Rossinis Fenster die Ouvertüre zum »Othello« herunter. Die Oper wurde auf diese Weise tatsächlich vollendet. Rossini vergaß dieses Erlebnis nie und hat es später einem Freund berichtet, der es uns überliefert hat.

Makkaroni mit Schweinswürsten, Champignons und Eierfrüchten

400 g Makkaroni,
2 kleine Schweinswürste (ca. 300 g),
3 EL Öl, 50 g Butter,
100 g Champignons,
2 mittelgroße Eierfrüchte,
4 EL Mehl, 2 Knoblauchzehen,
500 g geschälte Tomaten (Dosenware),
Salz, Pfeffer, Parmesan.

Zubereitungszeit: ca. 1 1/2 Stunden.

Die Schweinswürste in kleine Stücke schneiden und in 1 EL Öl anbraten, dann aus der Pfanne nehmen. Einen weiteren EL Öl und die Hälfte der Butter in die Pfanne geben und die gehackten Champignons darin schmoren. Die Eierfrüchte in dünne Scheiben schneiden, in Mehl wenden und in einer zweiten Pfanne in 1 EL Öl braten. Herausnehmen. Die restliche Butter in die Pfanne geben und zerlaufen lassen, den zerdrückten Knoblauch mit den zerdrückten Tomaten, Salz und Pfeffer eine Viertelstunde lang kochen, dann den Knoblauch herausnehmen, die Schweinswurst und die Champignons dazugeben. Die gekochten und abgetropften Makkaroni unter die Sauce mischen und die Eierfrüchte hinzufügen. Den geriebenen Parmesan bei Tisch dazu servieren.

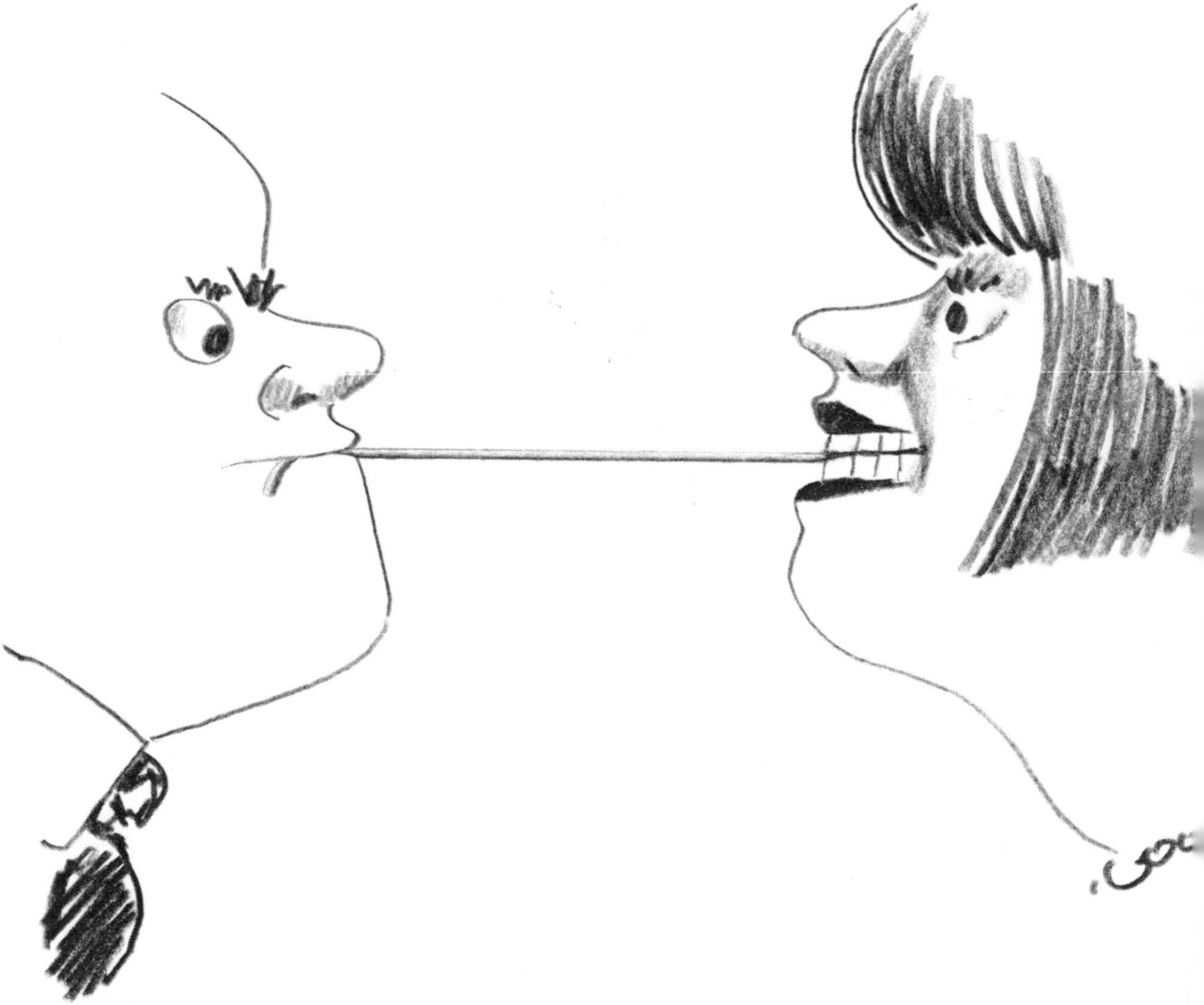

Gerichte mit Fettuccine, Taglieroni, Tagliatelle

Im folgenden Abschnitt wenden wir uns der Zubereitung der Bandnudeln zu. Natürlich lassen sich die meisten Saucen auch für Spaghetti oder andere Teigwarensorten verwenden.

Gratinierte Fettuccine mit gekochten Eiern

400 g Fettuccine (breite Bandnudeln), 300 g gehacktes Schweinefleisch, 100 g gehackter, gekochter Schinken, 1 dl Öl, 1 Knoblauchzehe, 1 kleine Zwiebel, 1 Karotte, 20 g Sellerie, 750 g geschälte Tomaten (Dosenware), Salz, Pfeffer, 4 Eier, 80 g Parmesan.

Zubereitungszeit: ca. 2½ Stunden.

Das Fleisch und den Schinken in Öl anbraten. Knoblauch, Zwiebel, Karotte und Sellerie kleinhacken und zusammen mit den zerdrückten Tomaten, Salz und Pfeffer in den Topf geben. Mit wenig Wasser ca. 2 Stunden kochen. Inzwischen die Eier hartkochen und in Scheiben schneiden. Die Nudeln fast garkochen, dann lagenweise mit der Sauce, den Eierscheiben und dem Käse in einer feuerfesten Form schichten. In den heißen Backofen geben und gratinieren, bis sich eine goldene Kruste gebildet hat.

Fettuccine gratiniert

400 g Fettuccine (breite Bandnudeln), 80 g Butter, 100 g geriebener Parmesan, Pfeffer, 1 kleiner Mozzarella-Käse, 100 g gekochter Schinken.

Zubereitungszeit: ca. 2 Stunden.

Die Nudeln kochen, abtropfen lassen und mit der Hälfte der Butter, der Hälfte des Parmesan, 2 EL Kochwasser und dem frisch gemahlenen Pfeffer vermengen. Eine feuerfeste Form ausbuttern und die Hälfte der Nudeln hineinlegen. Den in Scheiben geschnittenen Mozzarella und den gehackten Schinken darauf verteilen und mit den restlichen Nudeln bedecken. Die übrige Butter und den restlichen Parmesan darübergeben. Das Ganze im heißen Backofen goldgelb gratinieren.

Fettuccine mit Schinken und Erbsen

400 g Fettuccine (breite Bandnudeln), 1 Zwiebel, 50 g Butter, 3 EL Öl, 300 g frische Erbsen, Salz, Pfeffer, 3 EL Fleischbrühe, 100 g gekochter Schinken, 50 g Greyerzer, 50 g Parmesan.

Zubereitungszeit: ca. ¾ Stunde.

Die gehackte Zwiebel in einer Bratpfanne in der Hälfte der Butter und dem Öl bräunen. Erbsen, Salz und Pfeffer beifügen und auf mäßiger Flamme dämpfen. Ab und zu etwas Fleischbrühe hinzugeben. Den Schinken in Streifen schneiden, in der restlichen Butter bräunen und einige Minuten, bevor die Erbsen gar sind, beifügen. Die Nudeln kochen und abtropfen, in die Bratpfanne geben und mit Erbsen und Schinken einige Minuten lang bei mittlerer Hitze vermischen. Das Ganze mit dem in kleine Würfelchen geschnittenen Greyerzer und mit geriebenem Parmesan bestreuen.

Fettuccine mit Zwiebeln, Speck und Eiern

Nachstehend ein weiteres Teigwarenrezept mit Eiern.

400 g Fettuccine (breite Bandnudeln),
3 große Zwiebeln, 50 g magerer Speck,
30 g Butter, Salz, Pfeffer,
2 Eier, 50 g Parmesan.

Zubereitungszeit: ca. 1 Stunde.

Die Zwiebeln fein schneiden und zusammen mit dem gewürfelten Speck und der Butter in eine Bratpfanne geben. Bei mäßiger Hitze ½ Stunde kochen. Ab und zu einen EL Wasser dazugeben. Das Ganze muß die Konsistenz von Püree bekommen. Salzen und pfeffern. Die Eier beifügen und gut rühren. Warm halten und auf die gekochten und abgetropften Nudeln schütten. Der Parmesan wird erst bei Tisch dazu serviert.

Paglia e fieno („Stroh und Heu") in Tomatensauce

200 g schmale grüne Spinatnudeln,
200 g weiße Tagliatelle (schmale Bandnudeln),
1 Zwiebel, 1 Selleriestengel,
4 Karotten, 100 g Butter, 3 EL Öl,
500 g geschälte Tomaten (Dosenware),
Salz, Pfeffer, 250 g frische Erbsen.

Zubereitungszeit: ca. 1 ½ Stunden.

Zwiebel, Selleriestengel und eine Karotte zerkleinern und in der Hälfte der Butter und dem Öl bräunen. Die zerdrückten Tomaten, Salz und Pfeffer beifügen und ca. eine Stunde lang kochen lassen. Die Erbsen und die übrigen, in Scheiben geschnittenen Karotten nicht ganz gar kochen, abtropfen lassen und in der restlichen Butter dünsten. Die beiden Nudel-Sorten getrennt kochen, abtropfen und auch getrennt auf eine Platte geben. In die Mitte die Sauce gießen, Karotten und Erbsen darüber und erst bei Tisch alles untereinanderrühren. Zu diesem Gericht wird kein Käse serviert.

Taglieroni mit Thunfisch, Oliven und Kapern

Thunfisch schmeckt auch zu anderen Nudeln ausgezeichnet. Überzeugen Sie sich:

400 g Taglieroni (Bandnudeln), 1 dl Öl,
2 Knoblauchzehen, 50 g Kapern,
100 g schwarze Oliven, 1 EL gehackte Petersilie,
Pfeffer, Salz, 100 g Thunfisch, 80 g Parmesan.

Zubereitungszeit: ca. ½ Stunde.

Die Sauce wird während des Kochens der Nudeln zubereitet. Im Öl die zerquetschten Knoblauchzehen bräunen, Kapern, entsteinte und geschnittene Oliven, Petersilie und Pfeffer hinzufügen. Kurz kochen lassen, salzen, vom Feuer nehmen und den zerbröckelten Thunfisch dazugeben. Die Teigwaren mit dieser Sauce vermengen. Sie können dieses Gericht ganz nach eigenem Gusto mit oder ohne Parmesan genießen.

Taglieroni mit Leber

400 g Taglieroni (Bandnudeln), 1 Karotte,
1 Zwiebel, 1 Selleriestengel, 50 g Butter, 2 EL Öl,
300 g Leber, ½ dl trockener Sherry,
Salz, 1 EL Tomatenmark, 50 g Parmesan.

Zubereitungszeit: ca. 1 Stunde.

Karotte, Zwiebel und Sellerie kleinhacken und in der Hälfte der Butter und in Öl bräunen. Die in Stücke geschnittene Leber beifügen, mit Sherry aufgießen, salzen und einige Minuten kochen lassen. Das in 1 dl heißem Wasser aufgelöste Tomatenmark beifügen und ½ Stunde mitkochen. Die Nudeln kochen, abschütten und mit dieser Sauce, der restlichen Butter und dem Parmesan anmachen.

Taglieroni mit Schinken und Stangensellerie

400 g Taglieroni (Bandnudeln),
2 Selleriestengel, 1 Karotte,
50 g Butter, 2 je ½ cm dicke Scheiben gekochter Schinken, Salz, Pfeffer,
80 g Parmesan.

Zubereitungszeit: ca. ½ Stunde.

Casanova und die Makkaroni

Der berühmte Europa-Bummler Giacomo Casanova (1725–1798) verfaßte anläßlich eines dreitägigen Aufenthaltes in Chioggia bei Venedig im Jahre 1743 ein Gedicht auf die Makkaroni. Er rezitierte es mit einer solchen Anmut und aß davon eine derartige Menge, daß er zum Fürsten der Makkaroni gekürt wurde.

Die Sauce wird während des Kochens der Nudeln zubereitet. Sellerie und Karotte fein hacken und in der Butter zusammen mit dem in Würfel geschnittenen Schinken ca. 20 Minuten dünsten, etwas Wasser oder Fleischbrühe hinzugeben, salzen und pfeffern. Nudeln nicht ganz garkochen, abtropfen, mit in die Pfanne geben, mit der Hälfte des Parmesans gut mischen und weiterkochen. Der restliche Parmesan wird bei Tisch serviert.

Tagliatelle mit Safran

400 g Tagliatelle
(schmale Bandnudeln),
2 dl Sahne,
100 g gekochter Schinken,
50 g Parmesan, 1 EL Safran,
2 Eigelb, Salz,
2 EL gehackte Petersilie.

Zubereitungszeit: ca. ½ Stunde.

Die Sauce wird während des Kochens der Nudeln zubereitet. Die Sahne in einem kleinen Topf wärmen, den zerschnittenen Schinken, Parmesan und Safran hinzufügen, zum Kochen bringen und nach ca. 2 Minuten vom Herd nehmen. Eigelb und Salz unter kräftigem Rühren dazugeben. Die gekochten und abgetropften Nudeln mit der Sauce vermengen und mit Petersilie bestreuen.

Tagliatelle mit Sardellen und Ei

400 g Tagliatelle (schmale Bandnudeln),
2 Eigelb, 100 g Mozzarella,
50 g Sardellen aus der Dose, 50 g Butter, Salz,
frisch gemahlener Pfeffer,
50 g geriebener Parmesan.

Zubereitungszeit: ca. ¾ Stunde.

Das Eigelb zusammen mit dem gehackten Mozzarella und den zerkleinerten Sardellen in eine Schüssel geben und gut mischen. Während die Teigwaren kochen, die Butter in einer großen Bratpfanne erhitzen. Die gekochten, abgetropften Nudeln dazugeben und gut vermengen. 4 EL Kochwasser beifügen, dann den Mozzarella mit den Sardellen und dem Eigelb dazugeben. Salzen und pfeffern und noch einige Minuten auf dem Feuer halten. Mit Parmesan bestreuen.

Übrigens möchten wir Ihnen nicht vorenthalten, wie im letzten Jahrhundert auf den Verkaufsbänken Neapels die Makkaroni mit Käse angemacht wurden.
Die Makkaroniverkäufer hatten auf ihren Bänken an den Straßenecken große Becken aufgestellt, die mit einer Pyramide aus geriebenem Parmesan gefüllt waren. Von diesen mit gemahlenem Pfeffer gemischten Pyramiden ließ man die Makkaroni herunterrollen und nahm sie dann, schon angemacht, auf.

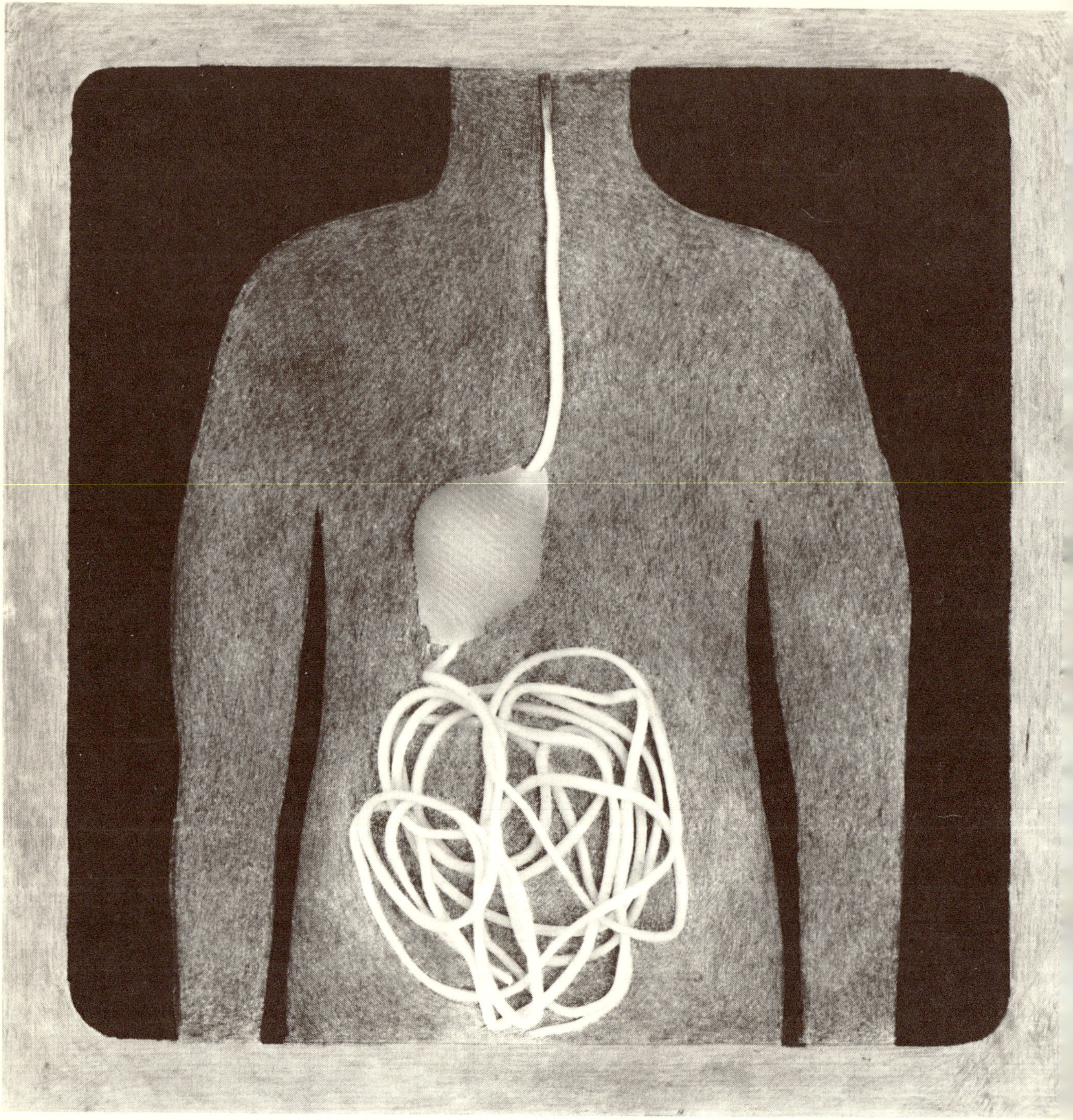

Tagliatelle mit Olivensauce

400 g Tagliatelle (schmale Bandnudeln),
1 Zwiebel, 100 g magere Speckwürfel,
1 EL Öl, 1 Paprikaschote,
500 g geschälte Tomaten (Dosenware),
15 grüne Oliven, 15 schwarze Oliven,
1 EL Kapern, 1 TL Oregano, Salz, Pfeffer.

Zubereitungszeit: ca. 1 Stunde.

Zwiebel und Speck im Öl hellbraun rösten. Die in Streifen geschnittene Paprikaschote und die zerdrückten Tomaten, die halbierten und entkernten grünen und schwarzen Oliven sowie die Kapern beifügen. Mit Oregano, Salz und Pfeffer bestreuen und ca. 40 Minuten bei mäßiger Hitze kochen lassen. Die Nudeln kochen, abschütten und mit dieser Sauce vermengen.

Grüne Nudeln

Sie können Ihre Nudelgerichte sowohl mit weißen, als auch mit grünen Nudeln zubereiten: Die grüne Farbe wird durch Beigabe von ca. 50 g gehacktem Spinat auf 400 g Mehl erreicht. Im Geschmack unterscheiden sich grüne von weißen Nudeln nicht sehr, aber für das Auge schafft die Farbe Abwechslung. Sie können sogar rote Nudeln herstellen, indem Sie 2 EL Rote-Bete-Saft unter den Teig mengen.

Tagliatelle mit Zwiebelpüree

400 g Tagliatelle (schmale Bandnudeln),
3 große Zwiebeln, 30 g Butter,
Salz, Pfeffer,
2 dl Fleischbrühe,
80 g Parmesan.

Zubereitungszeit: ca. ¾ Stunde.

Die Zwiebeln fein zerschneiden und zusammen mit Butter, Salz und Pfeffer in einer Pfanne zugedeckt auf schwachem Feuer kochen, ohne sie zu rösten. Ab und zu ein wenig Fleischbrühe dazugeben, so daß die Zwiebeln feucht bleiben. Mindestens eine halbe Stunde dünsten, damit die Zwiebeln püreeartig einkochen. Die gekochten und abgetropften Teigwaren mit dieser Sauce und dem Parmesan anrichten.

Über die Gefräßigkeit von Gioacchino Rossini

Der italienische Komponist Rossini (von dem bereits die Rede war), auch dank den »Tournedos Rossini« als Feinschmecker weltbekannt, war wegen seines Appetits berüchtigt. Seine Geburtsstadt Pesaro errichtete ihm im Jahre 1864 ein Denkmal, was er mit den Worten quittiert haben soll: »Hätten sie mir doch lieber ein paar Schinken geschickt!«

Während Rossini in Paris lebte, ließ er sich seine Makkaroni von Neapel kommen. Einmal verspätete sich die Sendung, was ihn veranlaßte, einen Brief an seinen Lieferanten zu schreiben, den er mit »G. Rossini ohne Makkaroni!!!!« (mit vier Ausrufezeichen) unterschrieb.

Tagliatelle pikant

400 g Tagliatelle (schmale Bandnudeln),
100 g in Streifen geschnittener magerer Speck,
3 EL Öl, 1 Zwiebel, 4 Salbeiblätter,
500 g geschälte Tomaten (Dosenware),
Salz, Pfeffer, 2 EL Kapern,
1 TL Majoran, 1 EL Essig,
20 g Butter, 50 g Parmesan.

Zubereitungszeit: ca. ½ Stunde.

Die Sauce wird während des Kochens der Nudeln zubereitet. Den Speck im Öl mit der gehackten Zwiebel und Salbei bräunen, die zerdrückten Tomaten, Salz und Pfeffer beifügen und auf mäßiger Flamme ca. 20 Minuten kochen lassen. Bevor die Sauce vom Herd genommen wird, Kapern, Majoran und Essig hinzugeben. Die gekochten und abgetropften Teigwaren mit der Butter und der Sauce anmachen. Der Parmesan wird bei Tisch dazu serviert.

Rigatoni mit Ei, Rahm und Butter

Ein schnelles Gericht für fleischfreie Tage.

400 g Rigatoni (oder Hörnchen),
100 g Butter, 1 dl Sahne,
4 Eigelb, Salz, Pfeffer,
80 g Parmesan.

Zubereitungszeit: ca. ½ Stunde.

Die Sauce wird während des Kochens der Rigatoni zubereitet. Die Butter in einer Bratpfanne schmelzen und ein wenig erkalten lassen. Das in der Sahne verrührte Eigelb, Salz und Pfeffer hinzufügen und gut mischen. Die Rigatoni nicht ganz gar werden lassen. Inzwischen die Ei-Sahne-Mischung auf ganz kleine Flamme stellen, weil die Eier nicht gerinnen dürfen. Die abgetropften Rigatoni dazugeben und gut mit der Sauce vermischen. Mit Parmesan bestreuen.

Rigatoni mit grüner Sauce

400 g Rigatoni (oder Hörnchen),
400 g Spinat, 3 große Zwiebeln,
50 g Sardellen aus der Dose,
2 EL Öl, Salz, Pfeffer.

Zubereitungszeit: ca. 1 1/4 Stunden.

Den Spinat kochen, ausdrücken und fein hacken. Die Zwiebeln schälen, in viel Wasser ca. 20 Minuten kochen, abtropfen lassen und hacken. Die Sardellen zerkleinern und in einer Pfanne im Öl erwärmen, ohne sie zu braten. Zwiebeln, Spinat, wenig Salz, Pfeffer und 2 EL Wasser beifügen. Ca. 10 Minuten kochen lassen. Die gekochten und abgeschütteten Teigwaren mit der Sauce anmachen und einige Minuten durchziehen lassen. Zu diesem Gericht wird kein Käse serviert.

Rigatoni mit Erbsen und Artischocken

Und nun ein Nudelgericht in Grün.

400 g Rigatoni (oder Hörnchen),
4 große Artischocken, 50 g Butter,
250 g frische Erbsen,
Salz, Pfeffer, 60 g Parmesan,
4 EL gehackte Petersilie.

Zubereitungszeit: ca. 3/4 Stunde.

Die harten Blätter von den Artischocken entfernen. Die Artischocken vierteln und das Herz in dünne Scheiben schneiden. Butter, Artischocken, Erbsen, Salz und Pfeffer mit 1 dl Wasser in einem Topf zum Kochen bringen und bei schwacher Hitze ca. eine Viertelstunde weiterkochen. Die Rigatoni kochen, abschütten und mit dem ganzen Inhalt des Topfes und dem Parmesan vermengen. Gut durchrühren, anrichten und mit gehackter Petersilie bestreuen.

Rigatoni mit Tintenfischen

400 g Rigatoni, 1 Knoblauchzehe,
1 gehackte Zwiebel, 2 gehackte Selleriestengel,
1 EL Öl, 500 g kleine Tintenfische,
1 EL Tomatenextrakt, Salz, 1 dl Rotwein, Pfeffer,
2 EL gehackte Petersilie.

Zubereitungszeit: 3/4 Stunde.

Geschälten und gehackten Knoblauch, Zwiebel und Sellerie 10 Minuten in Öl braten. Die in Streifen geschnittenen Tintenfische und den in einem EL heißem Wasser aufgelösten Tomatenextrakt beifügen. Zum Kochen bringen und salzen, zudecken und auf leichter Flamme eine Viertelstunde weiterkochen. Dann den Wein dazugeben und weitere 10 Minuten leicht kochen lassen. Auf die inzwischen gekochten und abgetropften Rigatoni reichlich Pfeffer und Petersilie geben und zuletzt die Sauce gießen.

Rigatoni mit Leber und Pilzen

400 g Rigatoni, 1 Zwiebel,
50 g Butter,
50 g roher Schinken in Scheiben,
150 g Champignons,
150 g Leber (vom Kalb oder Huhn),
1 dl Rotwein,
250 g geschälte Tomaten,
Salz, Pfeffer, 50 g Parmesan,
1 EL gehackter Basilikum.

Zubereitungszeit: ca. 1 Stunde.

Die Zwiebel hacken und in der Hälfte der Butter bräunen, den kleingeschnittenen Schinken und die in Scheiben geschnittenen Champignons beifügen. Einige Minuten lang gut verrühren, die geschnittene Leber dazugeben, mit dem Wein ablöschen und verdampfen lassen. Schließlich die Tomaten dazugeben, salzen, pfeffern und die Sauce ½ Stunde einkochen lassen. Die Teigwaren kochen und abschütten, mit dem Parmesan, der Sauce und der verbliebenen Butter vermengen. Am Schluß mit Basilikum bestreuen.

Rigatoni mit Champignons

Ein Gericht, das sich einfach und schnell zubereiten läßt und das Ihnen bestimmt schmecken wird.

400 g Rigatoni (oder Hörnchen),
150 g Champignons, 50 g Butter,
50 g gehackter gekochter Schinken,
Salz, Pfeffer, 80 g Parmesan.

Zubereitungszeit: ca. ¾ Stunde.

Die Champignons grob hacken. Die Hälfte der Butter mit dem Schinken in einer Bratpfanne kurz braten, die Champignons hinzufügen und ebenfalls kurz braten, salzen und pfeffern, und mit einigen Eßlöffeln heißem Wasser bespritzen. Bei schwacher Hitze die Pilze ca. 20 Minuten schmoren lassen. Ab und zu heißes Wasser beigeben, damit die Sauce nicht zu dick einkocht. Die restliche Butter darunterrühren. Die Sauce und den Parmesan über die gekochten und abgetropften Rigatoni geben und gut durchrühren.

Rigatoni mit rohem Schinken und Ei

Eine Köstlichkeit auch für verwöhnte Gaumen.

400 g Rigatoni (oder Hörnchen),
150 g hauchdünner, in Streifen geschnittener roher Schinken,
100 g Butter, 4 Eigelb, 2 dl Sahne,
1 Prise Muskat, Salz, 80 g Parmesan.

Zubereitungszeit: ½ Stunde.

Die Sauce wird während des Kochens der Rigatoni zubereitet. Den Schinken in der Hälfte der Butter in einer Bratpfanne leicht anbraten. Die Eigelb mit der Sahne verrühren, Muskat hinzugeben und salzen. Die Rigatoni kochen und abschütten und zu dem Schinken in die Bratpfanne geben. Die Eier-Sahne-Sauce darübergießen, die restliche Butter dazugeben und unter Erhitzen verrühren, bis die Sauce dick wird (ohne jedoch zu gerinnen!). Der Parmesan wird separat dazu serviert.

Tortiglioni mit Schinken und Parmesan

400 g Tortiglioni (oder kurze Makkaroni),
2 Knoblauchzehen,
100 g gehackter gekochter Schinken,
50 g Butter,
250 g geschälte Tomaten (Dosenware),
Salz, Parmesan,
5 EL gehackter Basilikum, Pfeffer.

Zubereitungszeit: ca. 3/4 Stunde.

Knoblauch und Schinken in einer großen Bratpfanne in Butter goldgelb bräunen, den Knoblauch entfernen und die zerdrückten Tomaten dazugeben, salzen und eine Viertelstunde auf mittlerer Flamme kochen. Inzwischen den Parmesan unter den gehackten Basilikum mischen. Tortiglioni nicht ganz gar kochen, abschütten und in die Bratpfanne mit der Sauce geben, gut vermischen, und noch ein wenig weitergaren; dann das Käse-Basilikum-Gemisch und reichlich Pfeffer dazugeben.

Tortiglioni mit Mozzarella und Parmesan

Zwei Käsesorten zu einer Einheit verschmolzen.

400 g Tortiglioni (oder kurze Makkaroni),
80 g Butter, 80 g Parmesan,
200 g Mozzarella,
Salz, Pfeffer.

Zubereitungszeit: ca. 1/2 Stunde.

Die Tortiglioni kochen, abschütten und mit der Butter, dem Parmesan und dem in Stücke geschnittenen Mozzarella anmachen. Salzen und reichlich mit Pfeffer bestreuen.

Tortiglioni mit Schweinsbratwurst

Ein abruzzesisches Sommergericht!

400 g Tortiglioni (oder kurze Makkaroni), 1 Zwiebel, 1 Karotte, 1 Lorbeerblatt, 50 g Butter, 100 g Schweinsbratwurst, 250 g geschälte Tomaten (Dosenware), Salz, Pfeffer, 1 dl Fleischbrühe, 80 g Parmesan.

Zubereitungszeit: ca. 1 Stunde.

Zwiebel und Karotte schälen und in Scheiben schneiden, mit dem Lorbeerblatt in der Butter bräunen; die zerbröckelte Schweinsbratwurst zufügen und gut anbraten, die zerdrückten Tomate mit Salz und Pfeffer ebenfalls dazugeben und sämig einkochen lassen. Ab und zu etwas Fleischbrühe beigeben. Die gekochten Tortiglioni mit Parmesan und der Sauce mischen.

Tortiglioni mit Schweinsbratwurst und Eiern

400 g Tortiglioni (oder kurze Makkaroni), 400 g frische Schweinsbratwurst, 2 EL Öl, 80 g Butter, 1 dl Fleischbrühe, 4 Eier, Salz, Pfeffer, 100 g Parmesan.

Zubereitungszeit: 3/4 Stunde.

Die Würste enthäuten und, sobald die Tortiglioni zu kochen beginnen, in einer Bratpfanne das Öl und die Hälfte der Butter schmelzen, die Würste hineingeben und auf kleiner Flamme langsam schmoren. Die Tortiglioni nach halber Kochzeit abschütten, in eine große Bratpfanne geben, die Würste mit der Sauce daruntermischen und die Nudeln zu Ende garen. Die Fleischbrühe dazugeben, damit die Sauce flüssig bleibt. Eier schlagen, salzen, pfeffern und gut mit den Tortiglioni verrühren. Das Gericht mit der Wurstsauce anrichten. Parmesan wird dazu bei Tisch serviert.

Eine Fehde zwischen Rossini und Paganini

wurde eines denkwürdigen Abends bei einem Besuch in Prag (1825) beigelegt. Rossini hatte behauptet, die besten Makkaroni kämen aus Neapel, was Paganini – als guten Genuesen – tief verletzen mußte. Schließlich kam es zur Einigung: Paganini räumte ein, daß die neapolitanischen Makkaroni mit Hühnerfleisch, Trüffeln und Gänseleber, wie sie Rossini mit goldenem Besteck zubereitete, »göttlich« waren. Rossini gab seinerseits zu, daß genuesische Ravioli mit Gemüsefüllung und Pesto-Sauce unübertroffen und eine Symphonie wert seien.

Gehen wir jetzt zu einer anderen Teigwarensorte über, zu den Penne (Näheres dazu in der Teigwaren-Typologie Seite 88/89). Die hier vorgestellten Gerichte eignen sich selbstverständlich auch für andere Teigwaren, z. B. für Rigatoni. Die Penne sind jedoch nicht gerippt wie diese und haben einen kleineren Querschnitt. Auf Grund ihrer Konsistenz und Form passen sie deswegen besonders gut zu den nachfolgenden Saucen.

Penne mit Tomaten und Artischocken

400 g Penne, 1 Zwiebel,
1 dl Öl, 4 Artischocken, 1 EL Kapern,
250 g geschälte Tomaten (Dosenware),
Salz, Pfeffer,
2 EL gehackte Petersilie, 50 g Parmesan.

Zubereitungszeit: ca. 1 Stunde.

Die gehackte Zwiebel im Öl bräunen, die vorbereiteten und in Scheiben geschnittenen Artischocken (s. Rezept Seite 46) dazugeben und gut anbraten. Kapern, die zerdrückten Tomaten, Salz und Pfeffer beigeben und auf mäßiger Flamme ca. 40 Minuten weiterkochen. Die gekochten Teigwaren mit dieser Sauce, der Petersilie und dem Parmesan anmachen.

Penne mit weissen Bohnen

»Pasta e fagioli« heißt dieses in ganz Italien bekannte und in vielen Variationen verbreitete Gericht. Nachstehend eine relativ einfache Art, diese Köstlichkeit zuzubereiten.

400 g Penne, 1 Karotte, 1 Zwiebel,
20 g Butter, 1 EL Rosmarin, 1 Lorbeerblatt,
500 g frische weiße Bohnen,
1 kg frische Tomaten,
1 EL gehackter Basilikum,
3 EL gehackte Petersilie,
100 g gekochter Schinken,
2 EL Öl, Salz, Pfeffer, 50 g Parmesan.

Zubereitungszeit: ca. 2½ Stunden.

Karotte und Zwiebel hacken, zusammen mit der Butter in einer hohen Pfanne dünsten. Ca. 1 l Wasser dazugießen, Rosmarin und Lorbeer beifügen und ½ Stunde kochen. Die frischen Bohnen hineingeben und eine weitere Stunde auf schwachem Feuer kochen lassen. Tomaten schälen, entkernen und in große Stücke schneiden. Basilikum und Petersilie mit dem gehackten Schinken und dem Öl in eine Bratpfanne geben. Wenn das Öl heiß ist, die Tomaten hinzufügen, zudecken, auf kleiner Flamme ½ Stunde kochen lassen. Die Bohnen abschütten und die Tomatensauce beifügen. Noch einige Minuten weiterkochen, salzen und pfeffern. Die gekochten und abgeschütteten Penne dazugeben und eine Weile auf dem Feuer lassen, damit die Sauce gut eindringt. Der Parmesan wird erst bei Tisch darübergestreut.

Penne all'arrabbiata

Frei übersetzt bedeutet diese Bezeichnung »wütende Penne«. Der Name dieser berühmten Speise geht auf die kräftige Pfefferprise zurück.

400 g Penne, 2 Knoblauchzehen,
50 g Butter, 100 g Speck, 250 g Steinpilze,
250 g geschälte Tomaten (Dosenware),
Salz, Pfefferschote oder 1 TL Cayennepfeffer,
2 EL Basilikum, 100 g Parmesan.

Zubereitungszeit: ca. 1 Stunde.

Den zerdrückten Knoblauch in Butter bräunen und anschließend herausnehmen. Den in Würfel geschnittenen Speck beifügen und einige Minuten lang braten. Die in kleine Scheiben geschnittenen Pilze zugeben und ca. eine Viertelstunde lang mitschmoren. Die zerdrückten Tomaten, Salz und Pfefferschote bzw. Cayennepfeffer beifügen und auf mäßiger Flamme zugedeckt 1/2 Stunde kochen. Den gehackten Basilikum in die Sauce geben. Die gekochten und abgeschütteten Penne mit der Sauce anmachen und Parmesan darüberstreuen.

Penne mit Champignons und Tomaten

400 g Penne, 400 g Champignons,
500 g geschälte Tomaten (Dosenware),
1 gehackte Zwiebel, 50 g Butter,
1 EL gehackte Petersilie,
Salz, Pfeffer, 80 g Parmesan.

Zubereitungszeit: ca. 3/4 Stunde.

Die Champignons nicht zu fein schneiden. Die Zwiebel mit der Hälfte der Butter in einer Pfanne goldgelb rösten. Die Pilze beifügen und umrühren. Petersilie und die zerdrückten Tomaten dazugeben. Salzen, pfeffern und zum Kochen bringen, die Bratpfanne zudecken und 1/2 Stunde bei schwacher Hitze weiterkochen. Die gekochten und abgetropften Penne mit der restlichen Butter, dem Parmesan und der Sauce vermengen.

Penne mit Speck und Tomaten

400 g Penne, 200 g magerer Speck in Würfeln,
1 fein gehackte Zwiebel,
2 zerdrückte Knoblauchzehen,
1/2 scharfe Pfefferschote oder 1 TL Cayennepfeffer, Salz, 500 g geschälte Tomaten (Dosenware), 80 g Parmesan.

Zubereitungszeit: ca. 1/2 Stunde.

Die Sauce wird zubereitet, während die Penne kochen. Speck, Zwiebel und Knoblauch zusammen in einer Bratpfanne goldgelb bräunen. Den Knoblauch herausnehmen. Pfefferschote oder Cayennepfeffer, Salz und zerdrückte Tomaten beifügen. Auf starker Flamme einige Minuten kochen lassen, bis die Sauce eingedickt ist. Die gekochten und abgetropften Penne in die Sauce geben, gut vermischen. Parmesan darübergeben.

Penne mit Quark und Artischocken

400 g Penne,
50 g magerer Speck, 100 g Butter,
4 Artischocken, Salz, Pfeffer,
1 dl Fleischbrühe, 150 g Quark, 2 Eier,
40 g Parmesan.

Zubereitungszeit: ca. 1 Stunde.

Den in Würfel geschnittenen Speck in der Butter glasig braten, das Herz der Artischocken freimachen (siehe Rezept Seite 46), vierteilen und beifügen. Mit Salz und Pfeffer auf schwachem Feuer kochen lassen. Ab und zu ein wenig Fleischbrühe beigeben. Wenn die Artischocken gar sind, den Quark zufügen. Die Eier mit dem Parmesan verrühren, das Gemisch von Artischokken und Quark dazugeben und die gekochten und abgeschütteten Penne damit anmachen.

Penne mit Quark

Wir wissen aus der Historie, daß Teigwaren im Mittelalter gesüßt gegessen wurden. Nachstehend ein Rezept für Experimentierfreudige:

400 g Penne, 200 g Quark,
½ TL Zucker, 1 TL Zimt, Salz.

Zubereitungszeit: ca. ½ Stunde.

Die Sauce wird während des Kochens der Penne zubereitet. Den Quark in eine große Schüssel geben, 4 Eßlöffel Kochwasser, Zucker und Zimt sowie eine Prise Salz beifügen. Das Ganze gut mischen und die gekochten und abgetropften Penne damit anmachen.

Penne mit Eierfrüchten und Oliven

400 g Penne,
2 Eierfrüchte (Auberginen) mittlerer Größe,
1 Paprikaschote, 1 dl Öl,
1 EL Basilikum,
25 g Sardellen aus der Dose,
12–15 schwarze Oliven, 1 EL Kapern,
500 g geschälte Tomaten (Dosenware),
Pfeffer, Salz.

Zubereitungszeit: ca. 1½ Stunden.

Die Eierfrüchte in Würfel schneiden und salzen. Die Paprikaschote anbraten (die Haut entfernen) und dann in Streifen schneiden. In einer Pfanne Öl wärmen, die Eierfrüchte, die Paprikaschote, die zusammen mit dem Basilikum kleingehackten Sardellen, die entkernten und halbierten Oliven und die Kapern zugeben. Einige Minuten lang gut rühren und die zerdrückten Tomaten beifügen. Pfeffern, salzen und das Gemüse zugedeckt bei schwacher Hitze ca. ½ Stunde kochen lassen. Die Penne kochen, abtropfen lassen und mit dieser Sauce anmachen.

Zite mit Schweinsragout

400 g Zite, 2 Zwiebeln, 50 g Butter,
250 g in Würfel geschnittenes Schweinefleisch,
250 g geschälte Tomaten (Dosenware),
1 dl Fleischbrühe, 1 Lorbeerblatt,
1 Knoblauchzehe, Pfeffer, 1 Prise Muskatnuß,
Salz, 1 dl Öl, 1 EL Rosmarin.

Zubereitungszeit: ca. 1 Stunde.

Die gehackten Zwiebeln in Butter dünsten, dann das Schweinefleisch hinzufügen und anbraten. Die zerdrückten Tomaten, Fleischbrühe, Lorbeerblatt und den gehackten Knoblauch beigeben. Pfeffer und Muskatnuß dazugeben, salzen und ca. 40 Minuten dünsten. Die Sauce mit Öl und gehacktem Rosmarin auf die gekochten und abgetropften Zite geben.

Gerichte mit Lasagne und Ravioli

Die nachstehend aufgeführten Rezepte behandeln die großflächigen Lasagne, die meistens im Ofen überbacken werden (eine Ausnahme bilden die in Wasser gekochten und mit Pesto-Sauce angemachten weißen Lasagne).

Lasagne aus dem Backofen (Lasagne al forno)

Dieses Rezept erfordert etwas Übung und gelingt Ihnen vielleicht erst beim zweiten Mal. Aber auch der dritte Versuch lohnt sich.

400 g Lasagne,
200 g gehacktes Rindfleisch,
1 EL gehackte Petersilie,
2 Knoblauchzehen, Salz, Pfeffer,
100 g Butter, 1 dl trockener Weißwein,
1 dl Fleischbrühe, 50 g Mehl, ½ l Milch,
100 g gekochter Schinken, 2 dl Sahne,
2 dl Tomatensauce,
1 Mozzarellakäse, 20 g Parmesan.

Zubereitungszeit: ca. 2½ Stunden.

Das Fleisch mit der Petersilie und dem gehackten Knoblauch, Salz und Pfeffer in der Hälfte der Butter auf starker Flamme dünsten, mit Wein übergießen, die Fleischbrühe hinzufügen und die Sauce auf kleinem Feuer einkochen lassen. Eine

Béchamel-Sauce wie folgt zubereiten: Die restliche Butter schmelzen, Mehl hinzufügen und gut verrühren. Mit der heißen Milch nach und nach aufgießen, salzen, pfeffern und einige Minuten kochen. Vom Feuer nehmen und den gehackten Schinken mit der Sahne beifügen. Die Lasagne kochen und abtropfen lassen. Passen Sie auf, daß sie nicht verkleben. Am besten legt man sie bis zum Gebrauch einzeln auf ein Tuch. Eine Schicht in eine gebutterte Form legen, ein wenig Fleisch, ein wenig Tomatensauce und Béchamel darübergießen und mit den Mozzarellascheiben belegen; dann wieder eine Schicht Lasagne, Fleisch, Tomatensauce und Béchamel usw. Parmesan auf die oberste Schicht streuen und im Backofen überbacken.

Lasagne gab es bereits im 13. Jahrhundert

In einer genuesischen Notariatsakte aus dem Jahre 1316 wird das Haus einer Frau erwähnt, die »Lasagne herstellte«. In einer anderen genuesischen Akte vom 14. Januar 1329 ist von einem gewissen »Gualterius Lasagnarius«, zu deutsch »Walter der Lasagne-Hersteller« die Rede. Und schließlich weiß man, daß sich am 31. Mai 1351 zwei Lasagnarii auf ein Schiff der bekannten Reederei Doria einschifften, um frische Teigwaren für die Mannschaft während der Seereise zuzubereiten. Den Begriff Lasagnarii gab es schon im 13. Jahrhundert. Er war sogar derart verbreitet, daß sämtliche Teigwarenhersteller in ganz Italien damit bezeichnet wurden.

Lasagne mit Milch

Ein sehr einfaches Rezept.

400 g Lasagne, 1 ½ l Milch,
80 g Parmesan, Pfeffer, 80 g Butter.

Zubereitungszeit: ca. ¾ Stunde.

Die Lasagne in der Milch und ca. 3 l Wasser kochen und auf einer vorgewärmten Platte anrichten. Mit Parmesan und Pfeffer bestreuen, die Butter daraufgeben, gut mischen und sofort servieren.

Lasagne mit Tomaten und Knoblauch

400 g Lasagne,
1 kg geschälte und gekochte Tomaten,
2 zerquetschte Knoblauchzehen, 4 EL Olivenöl,
Salz, 100 g Parmesan.

Zubereitungszeit: ca. ¾ Stunde.

Die Sauce wird während des Kochens der Lasagne zubereitet. Knoblauch mit Öl in einer Pfanne anbraten. Knoblauch entfernen, zerdrückte Tomaten und Salz beifügen. 5 Minuten kochen lassen und zusammen mit dem Parmesan auf die gekochten und abgetropften Lasagne geben.

Lasagne mit schwarzen Oliven, Eierfrüchten und Paprika

400 g Lasagne, 2 Paprikaschoten,
2 EL Öl, 2 Knoblauchzehen,
1 scharfe Pfefferschote oder
1 TL Cayennepfeffer,
1 kg geschälte Tomaten (Dosenware),
2 in Würfel geschnittene Eierfrüchte (Auberginen),
20 entsteinte und halbierte schwarze Oliven,
1 EL Kapern, 25 g Sardellen aus der Dose,
Salz, 2 EL gehackte Petersilie.

Zubereitungszeit: ca. 1 1/4 Stunden.

Die Paprikaschoten in Streifen schneiden. Öl, Knoblauch und Pfefferschote bzw. Cayennepfeffer in einer Bratpfanne braten, bis der Knoblauch goldgelb geworden ist. Knoblauch entfernen und die zerdrückten Tomaten und die Eierfrüchte beigeben. Ca. 20 Minuten lang kochen, dann Paprikaschoten, Oliven, Kapern, Sardellen und eine Prise Salz beifügen. Auf leichter Flamme 10 Minuten weiterkochen und auf die gekochten und abgeschütteten Lasagne geben. Die gehackte Petersilie darüberstreuen.

Lasagne mit Spinat und Quark

400 g Lasagne, 50 g magerer Quark,
1 Zwiebel, 1 dl Öl,
250 g gehacktes Rindfleisch,
Salz, Pfeffer, 1 EL Tomatenmark,
500 g Spinat, 250 g Quark,
80 g Parmesan, 1 Prise Muskat.

Zubereitungszeit: ca. 2 1/2 Stunden.

Speck und Zwiebel würfeln und in Öl anbraten. Fleisch, Salz und Pfeffer hinzufügen und einige Minuten mitschmoren. Das mit wenig Wasser verdünnte Tomatenmark beigeben und das Ganze bei mäßiger Hitze kochen. Den inzwischen gekochten Spinat hacken und mit dem Quark vermischen. Die Hälfte des Parmesan, eine Prise Salz und Muskat beigeben. Die Lasagne kochen, abtropfen und in eine gebutterte Form lagenweise mit der Sauce, dem Parmesan und dem Spinat verteilen. Im heißen Backofen gratinieren.

Lasagne mit Spinat und Pilzen

400 g Lasagne, 50 g getrocknete Pilze,
80 g Butter, Salz, Pfeffer,
400 g Spinat, 50 g Parmesan.

Zubereitungszeit: ca. 1 Stunde.

Die Pilze in lauwarmem Wasser ca. 20 Minuten einweichen. In einer Bratpfanne die Hälfte der Butter schmelzen, die Pilze hinzufügen und einige Minuten dünsten. Mit warmem Wasser ablöschen, salzen, pfeffern und ca. 5 Minuten bei schwacher Hitze kochen. Den Spinat kurz abkochen, fein hacken und mit Salz und Pfeffer zu den Pilzen geben; weiterkochen, bis die Pilze gar sind. Die gekochten und abgetropften Lasagne mit der restlichen Butter in einer zweiten Bratpfanne bei kleiner Flamme verrühren. Pilze, Spinat und Parmesan unter ständigem Rühren beifügen und noch ca. 2 Minuten weitergaren lassen.

Lasagne mit Tintenfischen

400 g Lasagne, 400 g Tintenfische,
5 EL Öl, 1 gehackte Zwiebel,
2 dl trockener Weißwein,
2 EL Tomatenpüree,
2 EL gehackte Petersilie,
Salz, Pfeffer.

Zubereitungszeit: ca. 1 1/4 Stunden.

Die Tintenfische in Streifen schneiden. Öl in einer Pfanne gut erhitzen und die Tintenfischstreifen mit der gehackten Zwiebel goldgelb braten. Mit Wein ablöschen und noch einige Minuten weiterkochen. Das Tomatenpüree mit ein wenig heißem Wasser verdünnen und dazugeben, zudecken und eine halbe Stunde auf kleiner Flamme weiterkochen lassen. Die Petersilie beigeben, gut mischen, salzen und kräftig pfeffern, und die gekochten und abgetropften Lasagne damit anrichten.

Zum Schluß noch das älteste überlieferte Lasagne-Rezept

In einem Kodex aus dem 13. Jahrhundert, der in der Universitätsbibliothek von Bologna aufbewahrt wird, ist folgendes Rezept zu lesen: »Im Namen Gottes. Amen. Hier beginnt das Buch über die Küche. Von den Lasagne. Nimm vom guten, weißen Mehl. Breite es aus mit lauwarmem Wasser und schau, daß es dick wird. Dann lege es dünn aus und lasse trocknen. Dies soll in Brühe aus Kapaun oder aus anderem fettem Fleisch gekocht werden. Dann lege es in den Teller mit geriebenem, fettem Käse, lagenweise, wie es dir gefällt. Und gebe dem Herrn.«

Pizzoccheri alla farina nera

Dieses etwas ausgefallene Rezept stammt aus dem gebirgigen Grenzgebiet Puschlav zwischen der Schweiz und Italien. Dem Gericht wird nachgesagt, es habe eine beruhigende Wirkung.

3 große Karotten, 3 Kartoffeln, 1 Blatt Kohl,
1 Blatt Lattich, 250 g frische Bohnen, Salz,
150 g Buchweizenmehl, 150 g Weißmehl,
2 EL Öl, 100 g Parmesan, 2 Knoblauchzehen,
30 g Butter.

Zubereitungszeit: ca. 1 1/2 Stunden.

Die Karotten schälen und in dünne Scheiben schneiden, Kartoffeln schälen und in mittelgroße Stücke schneiden; die zerschnittenen Kohl- und Lattichblätter mit den Bohnen und Karotten in Salzwasser zum Kochen bringen, nach 5 Minuten auch die Kartoffeln beigeben und alles ca. eine halbe Stunde garen lassen. Beide Sorten Mehl mischen und unter Zugabe von wenig Wasser und dem Öl zu einem dicken Teig verarbeiten. Auf gut bemehlter Fläche den Teig millimeterdünn ausrollen und zu Nudeln schneiden; diese fünf Minuten vor dem Garwerden der Gemüse mitkochen. Mit einer Schaumkelle die Pizzoccheri und das Gemüse aus dem Wasser heben, in eine tiefe Schüssel geben und lagenweise reichlich mit Parmesan bestreuen. 2 große, in feine Scheiben geschnittene Knoblauchzehen in Butter anbräunen und über die Pizzoccheri gießen.

Die nächsten Rezepte behandeln die Zubereitung der Ravioli, bzw. der Tortellini, Tortelloni, Agnolotti, etc. Für die Herstellung des Teiges sei auf das Herstellungsrezept im Abschnitt Teigwaren-Typologie (Seite 92) verwiesen. Die Rezepte beziehen sich folglich nur auf die Füllung und die Saucen.

Ravioli mit Rahm

Füllung:
100 g gehacktes Schweinefleisch,
100 g gehacktes Kalbfleisch, 40 g Butter,
80 g Parmesan, 2 EL Petersilie,
100 g gekochter Schinken, Salz, Pfeffer,
1 dl Fleischbrühe.
Sauce: 40 g Butter, 2 dl Sahne,
Salz, Pfeffer, 30 g Parmesan.

Zubereitungszeit: ca. 2 Stunden.

Für die Zubereitung der Füllung das Fleisch in Butter kräftig anbraten, dann in eine Schüssel geben. Käse, Petersilie und den geschnittenen Schinken beifügen, salzen und pfeffern, mit der Fleischbrühe benetzen. Gut vermengen. Die Ravioli mit dieser Füllung zubereiten. Vor dem Kochen etwas ruhen lassen. Die Sauce wird während des Kochens der Ravioli zubereitet: Butter bräunen, Sahne beifügen, salzen und pfeffern, warmhalten. Die Ravioli mit Parmesan und mit der Sahnesauce anrichten.

Gebackene Ravioli mit Spargel

Füllung: 1 Zwiebel,
50 g Butter, 2 Eierfrüchte (Auberginen),
50 g Mehl, 4 dl Milch, 2 Eigelb.
Sauce: 2 dl Öl, 400 g Spargelspitzen,
Salz, 100 g Mehl.

Zubereitungszeit: ca. 2½ Stunden.

Für die Füllung die gehackte Zwiebel in Butter rösten. Die in Würfel geschnittene Eierfrucht hinzugeben, bei starker Hitze braten und auf einem Teller anrichten. Das Mehl in die Butter geben, durchrühren und mit der warmen Milch geschmeidig machen. Kochen, bis sich eine dicke Masse bildet. Vom Feuer nehmen und die Eierfrucht und das Eigelb daruntermischen. Die Ravioli mit dieser Füllung zubereiten. Vor dem Kochen etwas ruhen lassen. Die gekochten und abgetropften Ravioli im heißen Öl kurz backen. Die Sauce wird während des Kochens der Ravioli zubereitet. Spargelspitzen salzen, in Mehl wälzen und ebenfalls in heißem Öl backen. Zusammen mit den Ravioli auf einer heißen Platte servieren.

Ravioli mit rohem Schinken und Mozzarella

Füllung: 200 g Quark,
250 g Mozzarella, 150 g roher Schinken,
50 g Parmesan,
1 EL Petersilie,
Salz, Pfeffer, 1 Ei.
Sauce: Sauce Napoli
(wie im Rezept auf Seite 26),
50 g Butter,
50 g Parmesan.

Zubereitungszeit: ca. 2½ Stunden.

Für die Füllung den Quark mit dem zerkleinerten Mozzarella, den Schinkenstreifen, Parmesan, Petersilie, Salz, Pfeffer und dem Ei mischen. Die Ravioli mit dieser Füllung zubereiten. Vor dem Kochen etwas ruhen lassen. Nach dem Kochen und Abtropfen die Sauce Napoli darübergeben und mit Butter und Parmesan anrichten.

Und hier, lieber Leser, kommt das allerletzte Rezept. Wir sind überzeugt, daß Sie inzwischen die notwendige Erfahrung im Umgang mit Teigwaren erworben haben, und daß Ihnen dieses köstliche Gericht sogleich gelingt.
Wenn nicht, fangen Sie vielleicht noch einmal von vorn in diesem Buch an.

Das letzte Rezept:

Makkaronifladen

Teig: 200 g Mehl,
50 g Butter, 1 Ei, Salz.
Füllung: 200 g Makkaroni, 1 Zwiebel,
50 g Butter, 200 g Rindfleisch,
150 g Leber, 100 g Champignons,
1 dl trockener Weißwein,
200 g geschälte Tomaten (Dosenware),
1 Lorbeerblatt, 1 dl Fleischbrühe,
Salz, Pfeffer.

Zubereitungszeit: ca. 3 Stunden.

Für den Teig Mehl, Butter, Ei und Salz verkneten. Nicht zu fest verarbeiten, in ein Tuch wickeln und mindestens ½ Stunde an einem kühlen Ort ruhen lassen. Für die Füllung die gehackte Zwiebel in der Hälfte der Butter bräunen; das in kleine Würfel geschnittene Fleisch hinzugeben und braten. Die zerkleinerte Leber und die gehackten Pilze hineingeben, anbraten mit Wein ablöschen und einkochen lassen. Tomaten und das Lorbeerblatt zugeben, salzen und pfeffern und das Ganze unter Beigabe von ein wenig Fleischbrühe ½ Stunde kochen lassen. Die Makkaroni kochen und bevor sie ganz gar sind, abgießen und mit der Hälfte der Fleischsauce, Butter und der Hälfte des Parmesan anmachen. Eine feuerfeste Form mit Butter ausstreichen. Den Teig halbieren und mit einer Hälfte die Form auslegen. Die Teigwaren mit der Sauce einfüllen, mit der zweiten Hälfte des Teiges zudecken und mit einer Gabel Löcher hineinstechen. Die Pastete im heißen Ofen ca. ½ Stunde backen. Den Käse und die restliche Sauce erst bei Tisch dazu servieren.

Kleine Weinreise durch Italien

Wer zu seinen Spaghetti alla carbonara oder Lasagne al forno irgendein kohlensäurehaltiges Wässerchen oder gar Milch trinkt, macht sich zumindest gegenüber dem altgriechischen und altrömischen Götterhimmel einer Todsünde schuldig. In einer norditalienischen Landkneipe wurde einst (vom Verfasser) ein deutsches Ehepaar beobachtet, das zu einem reichlich gefüllten Teller köstlich zubereiteter Spaghetti zwei Glas warmer Milch bestellte. Nein! Bitte!

Zu einem Spaghetti-, Lasagne-, Nudel-, Ravioli- und all den übrigen Teigwarengerichten, die in diesem Buch beschrieben sind, gehört nun mal ein guter Tropfen Wein (wenn alkoholfrei, dann allenfalls frisches Wasser oder Mineralwasser). Denn der Wein hat als einziges Tischgetränk die gute Eigenschaft, durch seinen herben bis süßen Geschmack besonders den würzigen Speisen eine spezielle Note zu verleihen. Gewisse Cola-Getränke, Milch und auch Bier sowie die meisten anderen Begleitgetränke mindern hingegen die Empfänglichkeit des Gaumens für Würze und schmackhafte Zutaten herab.

Im folgenden Abschnitt seien einige italienische Weinsorten angeführt, die sich am besten als begleitendes Getränk zu den vorliegenden Teigwarengerichten eignen.

Zunächst muß aber in diesem Zusammenhang gleich mit der Vorstellung aufgeräumt werden, in Italien gebe es nur Chianti, Veltliner, Frascati, Barbera und allenfalls noch Asti spumante. Obwohl sich diese Weine, nach ihren Herkunftsorten benannt, selbstverständlich großer Beliebtheit erfreuen, hat auch in deutschen Landen sowohl der Kenner wie der Laie eine große Fülle weiterer italienischer Weine zur Auswahl, die zwar weniger bekannt, aber zum Teil noch viel besser sind.

Grundsätzlich sollte ein Wein, der zu Teigwaren serviert wird, nicht zu schwer und vor allem nicht zu süß sein, um das Gericht leicht verdaulich zu machen. Diesbezüglich haben selbstverständlich auch schweizerische, österreichische und deutsche Weine zum Teil vorzügliche Eigenschaften aufzuweisen, nicht zu sprechen von den zahllosen französischen Weinen. Wenn wir uns hier hauptsächlich auf Weine italienischer Herkunft konzentrieren, so weil sie aus den Regionen der größten Verbreitung von Spaghetti stammen und somit auch zweifellos am besten zu Teigwaren aller Art passen.

Begeben wir uns von Norden her in die gebirgigen Täler Tirols und durch das Etsch-Tal hinunter ins Trentino-Gebiet und weiter über das hügelige Friaul bis hinab zur Adriaküste, dann treffen wir hier zur Hauptsache die bekannten roten Sorten Kalterer(see) und Magdalener (Santa Maddalena) sowie den granatroten Cabernet, der in den Hügeln des Friaul kultiviert wird.

Schon im antiken Rom haben große Dichter wie Vergil und Plinius die besonderen Qualitäten lombardischer Weine aus den Gegenden östlich und nördlich von Mailand besungen. So finden wir am Südrand der Schweizer Alpen den Veltliner, der manchem etwas zu herb erscheinen mag; läßt man ihn aber einige Jahre in Frieden altern, dann schmeckt er gewiß auch einem an mildere Weine gewöhnten Gaumen. In den Regionen südlich des Gardasees wird der Rot- oder auch Roséwein »Riviera del Garda« angebaut, der auch nördlich der Alpen gern getrunken wird.

Auf der Wanderung am Südrand der Alpen entlang gelangen wir in die westlichen Weingebiete Italiens – ins Piemont (Hauptstadt Turin) mit seiner uralten Weintradition und in die Küstenregion Ligurien mit der Hafenstadt Genua. Im Piemont gedeihen die berühmten roten Barbera d'Asti, Barbera d'Alba und Barbera Monferrato. Sie alle schmecken eher trocken bis leicht süßlich und sind von kräftiger roter Farbe. Weiter finden wir in unmittelbarer Nachbarschaft den Barolo (den König der italienischen Weine) und den Barbaresco mit ihrem kräftigen, samtigen Aroma. Nördlicher, an den Hängen über dem Fluß Sesa wäre auch der Gattinara zu erwähnen, der ausschließlich auf den Weinbergen rund um die Gemeinde Gattinara gedeiht.

Wenn wir nun unsere Reise ins Landesinnere nach Osten fortsetzen, dann gelangen wir in die Region Emilia-Romagna (Hauptstadt Bologna). Nicht allein die weltberühmte Sauce Bolognese hat hier ihren Ursprung, auch die Lasagne al Forno, viele köstliche Nudelgerichte und die Tortellini sind in diesen Gegenden zu Hause. Dazu stammen von Reben aus den Regionen östlich von Bologna die erfrischenden Rotweine Lambrusco di Santa Croce und Lambrusco di Sorbara, die ab und zu auch leicht perlend sein können.

Verweilen wir noch ein wenig im Norden, bevor wir uns der Toscana, Latien und dem Süden Italiens zuwenden. An den Ufern der Provinz Romagna wandern wir nordwärts, überschreiten die Mündung des Po und kommen nach Venedig, dem Herzen Veneziens (italienisch: Veneto). Während in der Po-Ebene nur der dunkle Weißwein Colli Enganei in leicht hügeliger Landschaft kultiviert wird, finden sich oberhalb von Verona an weitgestreckten Rebhängen die Trauben, aus denen die berühmten Valpolicella-Weine hergestellt werden. Der Valpolicella mancher Lagen zählt mit seinem trockenen bis samtigen Geschmack zu den besten Weinen Italiens. Er sollte jedoch weder zu jung noch zu alt genossen werden – als ideales Alter gelten drei bis vier Jahre. Unmittelbar daneben, an den Ostufern des Gardasees, wird der Bardolino angebaut, der mit seiner hellroten Farbe und seinem leicht spritzigen Aroma beinahe unter die Rosé-Weine zu zählen ist.

Der nächste Abschnitt ist dem international wohl bekanntesten und beliebtesten italienischen Wein gewidmet – dem Chianti. Er gedeiht in den ausgedehnten Rebhängen rund um Florenz in der Toskana. Neben seinem trockenen, harmonischen Geschmack hat sicherlich auch Form und Einfassung der Flaschen zum Erfolg des Chianti beigetragen. Die Benennungen »Chianti Classico«, »Chianti Vecchio« sowie die einzelnen Herkunftsbezeichnungen wie »Ruffino«, »Colli Fiorentini« sind wie bei allen Weinen durch den italienischen Staat kontrolliert.

Daneben produziert aber auch die Insel Elba relativ trockene Weine, die unter dem Namen Elba Bianco und Elba Rosso auch in der Küstenprovinz Livorno hergestellt werden. Hinzu kommt aus den Gebieten um San Gimignano der trockene weiße Vernaccia die San Gimignano.

Wir kommen weiter südwärts in das Herz Italiens, zu dem bekanntlich alle Wege hinführen, nach Rom. Hier findet sich beispielsweise, nördlich der italienischen Hauptstadt der Weißwein mit dem eigentümlichen Namen »Est! Est! Est!«

Als weiterer Weißer, der auch international bekannt ist, empfiehlt sich der Frascati. Er wächst »vor den Toren Roms«, auf vulkanischem Boden. Seine Eigenart liegt in seiner leichten, samtigen Süße. Auch die Weine Marino und Colli Albani, die südlich der Hauptstadt angebaut werden, gehören zu den weißen Spitzenweinen Italiens. Sie alle werden kalt serviert und schmecken besonders gut, wenn sie aus einheimischen Steingutkrügen eingeschenkt werden.

Ein Wein aus dieser Gegend, der sich gut zu einem Teigwarengericht mit Meeresfrüchten eignet, ist auch der Orvieto.

In der Heimat der »spaghetti alla chitarra«, den Küstengebieten der Marken und der Abruzzen, finden wir den etwas herben weißen Verdicchio, der in hügeligen Rebbergen gepflanzt wird. Südlicher, in den Anhöhen hinter der abruzzesischen Stadt Pescara wiederum hat der weich-trockene rote Montepulciano d'Abruzzo seinen Ursprung, der sich als süffiger Tischwein zu schwereren Teigwarengerichten mit Fleisch außerordentlich gut eignet. Ein ausgesprochener »Trinkwein«, der weiße Falerio dei Colli Ascolani, wurde bereits von den alten Römern geschätzt.

Bleiben uns – nicht minder erwähnenswert – auf dem italienischen Stiefel die Weine der südlichen Regionen Kampanien, Apulien, Kalabrien und Basilicata sowie der Insel Ischia. Auch diese südlichen Weine, der Greco di Tuto, die roten und weißen Cirò-Weine, wie auch die Ischia-Weine sind eher trocken und leicht.

Sizilien und Sardinien schließlich, die von ihrer Größe her beinahe als selbständige Länder ange-

84 sprochen werden können, haben ebenfalls ihre eigene Weintradition. Am Fuße des Ätna, am Ostrand Siziliens, wächst beispielsweise ein frischer trockener Wein, der unter dem Namen Etna sowohl als Rotwein wie auch als Weißwein und als Rosé erhältlich ist. Großer Berühmtheit erfreut sich der Dessertwein Marsala, vom Westzipfel Siziliens, der sich jedoch wegen seiner Süße als Spaghetti-Begleitgetränk kaum eignet.

Aus Sardinien sind vor allem die Weine Cannonan di Sardegna sowie der Malvasia di Cagliari bekannt. Beide sind im Geschmack etwas intensiver als die Festlandweine.

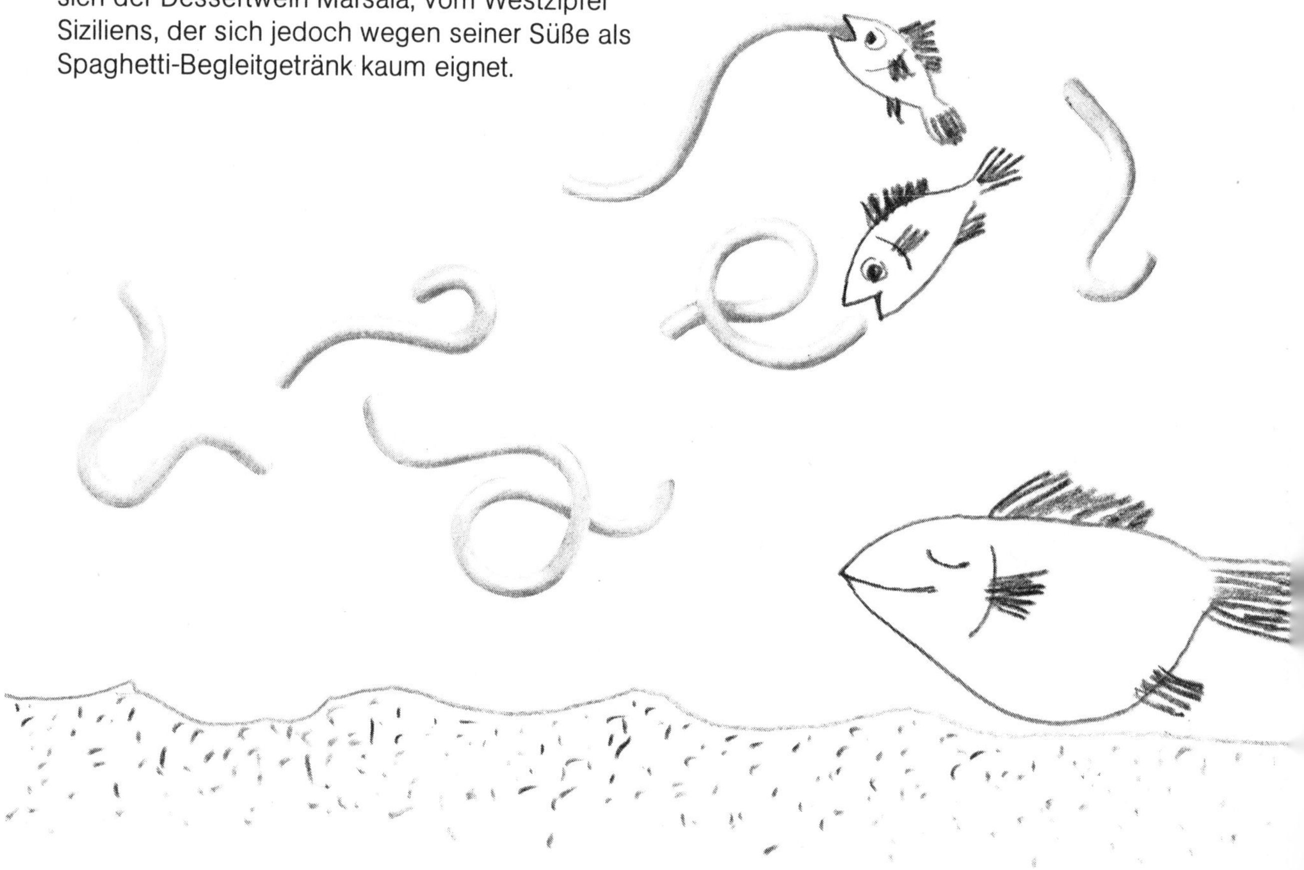

Typologie der Teigwaren

Wollte man sich anschicken, alle Formen der heutzutage produzierten Teigwaren systematisch vorzustellen, so käme dabei ein philologisch-ernährungswissenschaftliches Werk beträchtlichen Umfangs zustande. Regionale Traditionen, Spezialformen, besondere Zusammensetzung spielen hier eine Rolle. Spricht noch der Großvater von »spaghetti alla chitarra«, so beharrt der Enkel auf der Bezeichnung »taglierini«. Die Griechen halten es da einfacher: alles was zu den Teigwaren gehörte, hieß einfach »makarónia«, gleich ob lang, flach, rund oder hohl.
Die folgende Aufstellung ist alles andere als vollständig. Sie soll dem Leser immerhin einen Einblick in die Vielfalt der Formen und Möglichkeiten geben.

1. An den Anfang stellen wir die *Spaghetti,* nicht nur, um auch dem Titel dieses Buches gerecht zu werden. Sie haben von allen Teigwaren weltweit die größte Verbreitung. Sie sind dünn und rund; ihre Länge variiert zwischen 25 cm und 1 m.

2. Die *Fedelini* sind dünnere, ebenfalls runde und lange Teigwaren. Sie werden mit feinen Saucen ohne grobe Bestandteile (höchstens feingehacktes Fleisch) serviert.

3. Die *Vermicelli,* in der Schweiz als »Fideli« bekannt, sind sie dünnsten Teigwaren überhaupt. Es gibt sie erst seit der maschinellen Herstellung von Teigwaren, da sehr hoher Druck erforderlich ist, um den Teig durch ein derart feines Lochsieb zu pressen. Die Vermicelli werden als Suppeneinlage oder mit einer feinen Sauce serviert.

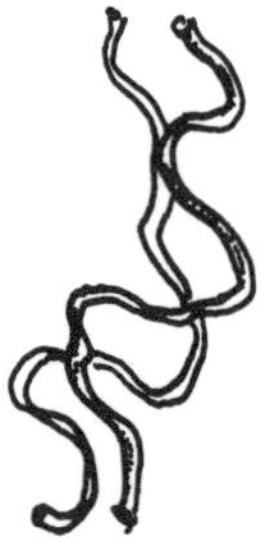

4. Die *Taglierini* stellen eine Übergangsform dar zwischen Spaghetti und Tagliatelle. Ihr Querschnitt ist quadratisch bis rechteckig. Sie sind identisch mit den hausgemachten *Spaghetti alla chitarra.* Zu deren Herstellung wird der ausgewallte Teig von Hand durch eng gespannte Drähte gedrückt.

5. Die schmalen Bandnudeln heißen auf italienisch *Tagliatelle.* Sie sind etwa 2–5 mm breit und bilden die Grundlage vieler köstlicher Gerichte.

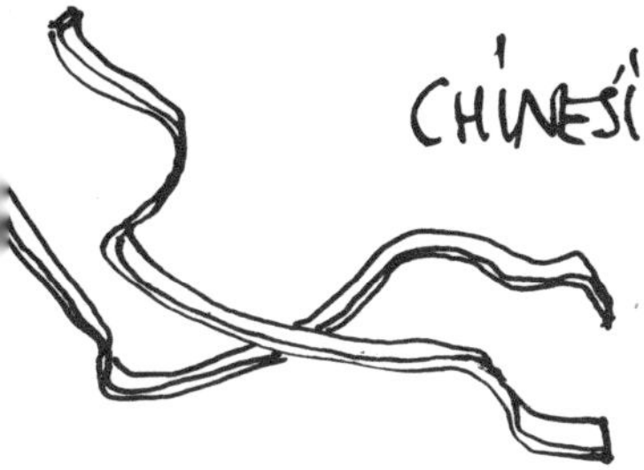

CHINESISCHE NUDELN

6. Ferner sind die besonders feinen *chinesischen Nudeln* zu nennen und

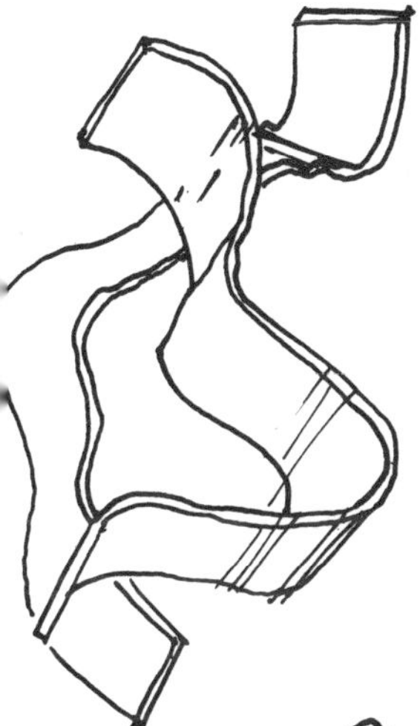

FETTUCCINE (Bandnudeln)

7. die breiteren Bandnudeln, italienisch *Fettuccine* oder *Taglieroni,* je nach Region und Breite der Nudeln.

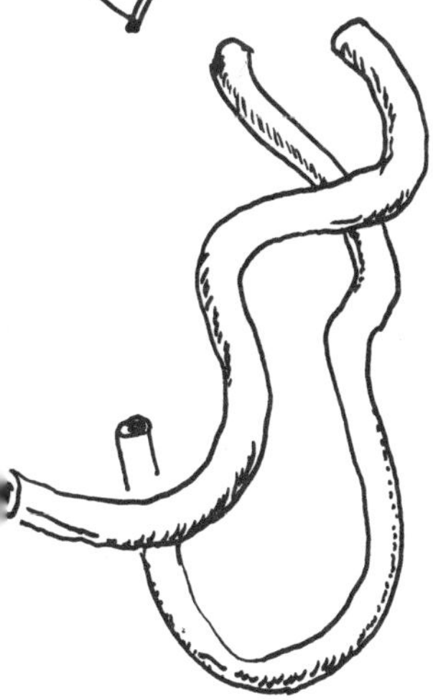

MAKKARONI

8. Die *Makkaroni* sind eine weitere überall verbreitete Form von Teigwaren. Es sind längliche, hohle Formen mit einem runden Querschnitt. Makkaroni können bis zu 30 cm lang sein.

88 9. Neben den Makkaroni mittlerer Dicke finden sich in Italien auch die *Zite* mit dickerem Querschnitt (bis zu 5 mm) und

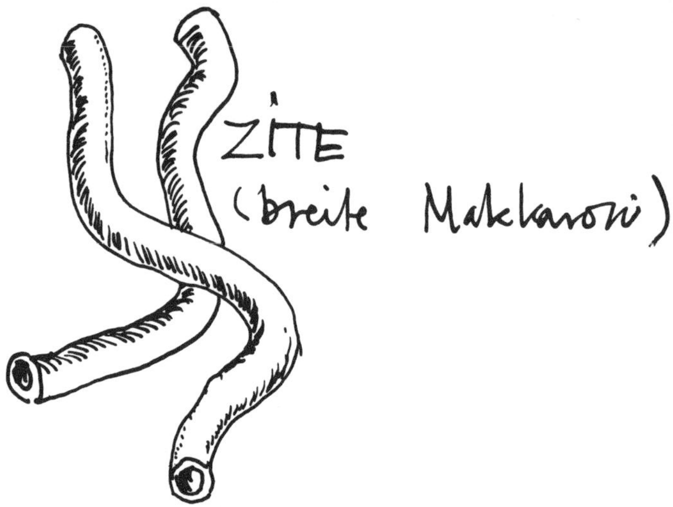

10. die ebenso beliebten *Bucatini,* die dünneren Makkaroni,

11. die *Perciatelli* mit noch dünnerem Querschnitt und

12. die spaghettidünnen, gewellten Makkaroni, die *Fusilli.*

13. Zu den langen Teigwarenformen gehören ferner die *Lasagnette*, die sehr breiten dicken Nudeln mit gewelltem Rand, die in Längen bis zu 30 cm im Handel sind.

Die kurzen Teigwaren

14. In Italien sind neben den langen Formen auch die kurzen, gekrümmten *Makkaroni* oder Hörnchen (in der Schweiz »Hörnli«) bekannt. Daneben gibt es

15. die schräg abgeschnittenen *Penne* oder *Pennine* (Federn oder Federchen).

16. Die längs gerippten *Rigatoni* sowie die

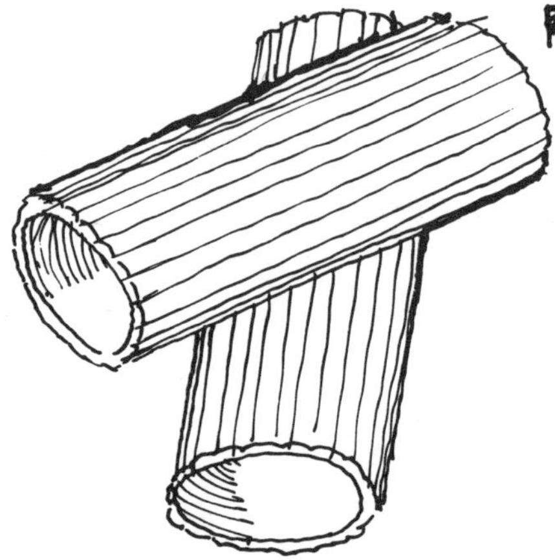

17. spiralförmig gerippten *Tortiglioni* gehören zu den dicksten der kurzen Makkaroniformen mit Querschnitten bis zu 1,5 cm.

18. Hinzu kommen die unzähligen Phantasieformen wie *Krawättchen, Spiralen, Muscheln, Locken* etc.

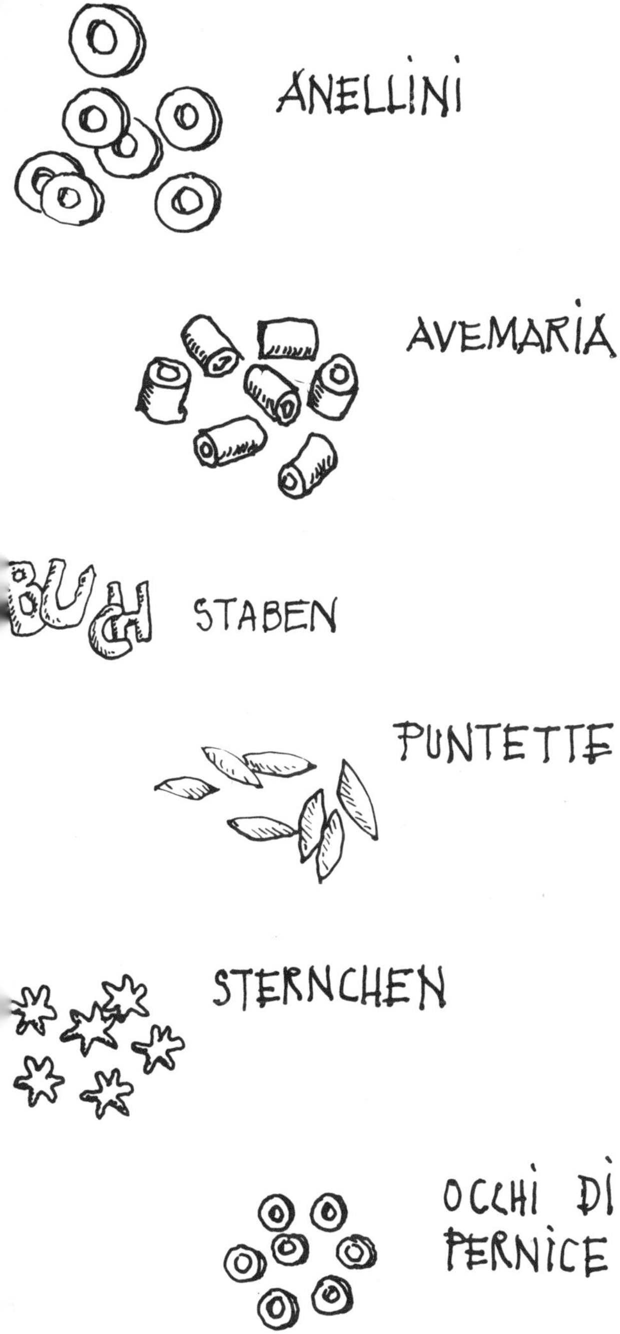

19. Beliebt, vor allem als Suppeneinlagen, sind auch die Kleinstformen, wie *Sternchen, Anellini, Buchstaben, Avemaria* (kurzgeschnittene Makkaroni), *Puntette* etc.

Die gefüllten Teigwaren

20. Allen Lesern sind wohl die *Ravioli* bekannt, die quadratischen, gefüllten Teigwarentäschchen mit gezacktem Rand.

Ihre Zubereitung ist einfach: 400 g Mehl, 4 Eier, Salz.
Mehl, Eier, Salz gut vermengen, den Teig ausrollen und in ca. 5 cm breite Streifen schneiden. Auf den ersten Streifen ca. alle 5 cm eine Portion Füllung legen. Einen zweiten Streifen darüberlegen und die beiden Streifen in den füllungsfreien Zwischenräumen fest aufeinanderpressen. Die einzelnen Ravioli mit einem scharfen Messer oder einem Raviolirad voneinander trennen.
Genauso beliebt wie Ravioli sind

21. die *Agnolotti,* die sich von den Ravioli nur durch ihre halbrunde Form unterscheiden.

22. Zur Herstellung der köstlichen *Tortellini* oder *Tortelloni* (je nach Größe) seien die wichtigsten Handgriffe erklärt:
    a) Den Teig ausrollen und in ca. 5–8 cm große Quadrate schneiden (falls vorhanden mit einem Zackenrad). In die Mitte jedes Quadrates die Füllung geben.
    b) Zwei gegenüberliegende Ecken zusammenklappen, so daß ein Dreieck entsteht. Den Teig rund um die Füllung gut aufeinander drücken.
    c) Das Dreieck um die Zeigefingerspitze wickeln und die beiden herunterhängenden Ecken zusammendrücken. Die freie Ecke hochbiegen.
    d) Ca. 10 Minuten im Wasser oder einer kräftigen Fleisch- oder Gemüsebrühe (»al brodo«) kochen.
23. In ihrer kleinsten Form werden die Tortellini auch *»Cappeletti«* genannt.

Die Ofenteigwaren

Gewisse Teigwarenformen eignen sich vor allem für gratinierte Gerichte, d. h. sie werden meist mit den jeweiligen Zutaten im Ofen überbacken.

24. Die *Lasagne,* normal oder grün, sind leicht selbst herzustellen. Der ausgewallte Teig wird in große Rechtecke geschnitten. Diese werden lageweise mit den Zutaten in einer Gratinform aufgeschichtet. Ähnlich werden

25. die *Cannelloni* zubereitet, allerdings müssen die Teigstücke hier röhrenförmig zusammengedrückt werden.

Grundsätzlich eignen sich nur großformatige Teigwaren für die Zubereitung im Ofen, da kleinere Formen nach kurzer Zeit an der Oberfläche auszutrocknen beginnen.

Die Kunst, Spaghetti zu essen

»Ein Nicht-Italiener kann nicht einen Teller Pastasciutta verzehren und dabei seine Würde behalten«, meint eine englische Schriftstellerin. Daß dieser Ausspruch von einer Engländerin stammt, spricht nicht gegen das Spaghetti-Essen. Und was den Begriff Pastasciutta angeht, so setzt sich dieser aus den beiden Worten pasta (Teigware) und asciutta (trocken) zusammen. Der geneigte Leser mag jetzt meinen, daß es auch nasse Teigwaren gibt. Und tatsächlich: Es gibt pasta asciutta und pasta in brodo (in der Brühe), worunter meist Suppenteigwaren gemeint sind. Spaghetti sind pasta asciutta, wenn sie gemäß den vorangegangenen Rezepten zubereitet werden und pasta in brodo, wenn sie als schwimmende Teile einer Suppenspeise gekocht werden. Im übrigen wird das Wort minestra (= Suppe) als Sammelbegriff für Vorspeisen verwendet: Es gibt also trockene Suppen, d.h. Teigwaren, und nasse Suppen, d.h. eigentliche Suppen und Bouillons.

Spaghetti werden grundsätzlich nur mit der Gabel gegessen. Löffel oder Messer sind Hilfsmittel, die nur der Ungeübte oder Nicht-Italiener braucht.
Die Gabel soll von Rechtshändern mit der rechten Hand gehalten werden. Als erstes müssen wir mit der Gabel einen kleinen Platz auf dem Teller freimachen, damit wir da die Spaghetti aufrollen können (am liebsten auf der linken Tellerseite). Die Köchin – oder der Koch – sollte die Spaghetti in der richtigen Länge gebrochen haben, bevor diese gekocht wurden. Manchmal sind die Spaghetti zu lang: Es macht nichts, wir können uns über deren Länge vergewissern, indem wir einige aufgabeln und hoch über den Teller heben. Sind sie sehr lang, so sollten wir nur eine geringe Anzahl aufwickeln, damit die aufgespießte Menge nicht zu umfangreich wird und nicht die Hälfte von der Gabel herunterhängt. Zum Aufrollen muß die Gabel beinahe senkrecht gehalten werden, damit sich die Rolle auf der Gabelspitze bilden kann. Nun wird die Gabel gedreht und eine Rolle Spaghetti aufgewickelt, eher klein als groß, die einfach und bequem durch den nicht ungebührlich weit aufgesperrten Mund gehen kann. Buon Appetito!

In Pontedassio bei Imperia, zwischen Genua und der französischen Grenze, befindet sich ein Unikum unter Europas Museen, das »Museo storico degli spaghetti« (Historisches Spaghetti-Museum) Es enthält Geschichtliches, Kulturelles und viel Humoristisches über die Teigwaren im allgemeinen und die Spaghetti im besonderen. Ein Besuch lohnt sich.
Die Verfasser möchten hier der Konservatorin des Museums, Signorina Eva Agnesi, herzlich danken. Das uns so freundlich zur Verfügung gestellte Informationsmaterial hat wesentlich dazu beigetragen, dieses Buch mit informativen und amüsanten Einlagen zu bereichern.

Register